Cap sur le Ferret

Voyage au « bout du monde » Les secrets de la biodiversité

Christophe Deliveyne

Photographe Gilles d'Auzac de Lamartinie

Avec la participation photographique de Philippe Nadé

Préambule

« Je me souviens de mon école avec sa cour de sable, entourée de grands pins figés par le temps. Je me rappelle les trésors trouvés sur les plages le long de la laisse de mer, les cabanes dans les bois et les boutons brûlants de la chenille processionnaire. Je me souviens aussi de cette baïne qui m'empêchait de revenir sur la plage, de cette vague trop puissante que je croyais pouvoir surfer.
Une enfance ensoleillée et colorée au milieu de ce grand jardin où les éléments naturels nous proposent le meilleur, mais nous imposent le respect. Comment peut-on ne pas s'attacher très fort à cette pointe du bout du monde, où tout paraît plus simple, où chaque journée passée devient un souvenir de vacances ?
En ce lieu quasi insulaire, où les couleurs, les odeurs et les ambiances se mélangent différemment selon les saisons, on accède à des émotions et des sensations semblables à ces moments privilégiés que sont les voyages, porte ouverte vers l'universel. »

Christophe Deliveyne

La particularité de cette presqu'île, objet d'affection si bien partagée, est à l'évidence son authenticité. Si elle nous parle si intimement, c'est qu'elle nous correspond. Elle est notre part de vérité, le miroir lumineux d'une insouciance primordiale.
Christophe nous transmet dans cet ouvrage, par-delà les mots, la certitude d'une réalité qui s'impose pour ce qu'elle est. Ici règne un Esprit qui n'acceptera jamais les compromis ; se soumettre ou se démettre, telle est la loi implicite à ce lieu.
Ce coin de paradis est notre ciel sur la terre.
Si connaître c'est aimer davantage, alors la lecture de ce livre nous sera sans doute fertile.

Gilles d'Auzac de Lamartinie

Préface

En lisant la maquette de cet ouvrage, j'ai rapidement été entraîné dans le tourbillon de passion déployée par Christophe Deliveyne, pour nous faire découvrir et apprécier le Cap Ferret et sa « presqu'île ». Il a longuement parcouru et observé cet univers blond, bleu et vert, au fil des saisons, afin d'en découvrir tous les trésors. Admirateur scrupuleux, Christophe s'est patiemment documenté auprès de ses amis, des anciens du pays, et de plusieurs scientifiques et historiens. C'est aussi cette moisson de connaissances variées qu'il nous fait partager avec conviction.
Accompagnons-le dans ses balades qui pourront nous mener jusqu'au sommet du phare. De cet observatoire, découvrons en sa compagnie, au lever du jour, « l'escalumade » pénétrant dans les passes, poussée par la brise venue du large.
Venez, ...Cap sur le Ferret !

Claude Miltemberger

AC 451769

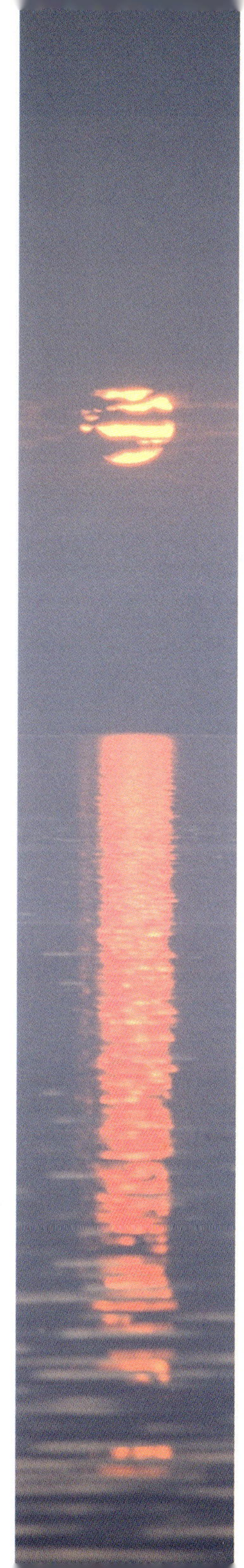

Sommaire

- Avant-propos 9
- Présentation 10
- La Presqu'île et le Bassin d'Arcachon 13
- Cap Ferret : « Lou Cap Herrer », la pointe de fer ! 37
- La fixation de la presqu'île et la forêt de pins maritimes 55
- La « Pointe », les « Passes » et les bancs de sable 101
- La plage du Mimbeau et les « 44 hectares » 119
- Les « gardiens des océans » 167
- Épilogue 185
- Balade botanique et itinéraire d'un passionné 186
- Remerciements et Bibliographie 188
- Table des matières 191

Photo F. Carnoy

Avant-propos

Alors que les chasseurs du Paléolithique suivaient le gibier à travers la toundra qui recouvrait l'Aquitaine, les Gaulois, eux, ont bénéficié d'un climat plus clément ; ils profitaient déjà du littoral pour la pêche et la récupération du sel. Au temps des seigneurs, la singularité et les mystères de cette vaste lande hostile et marécageuse, intriguaient et fascinaient les voyageurs, lesquels rapportaient leurs impressions à la Cour du Roi. Plus tard, au XIXe siècle – celui de la révolution industrielle – l'avènement du tourisme permit à de nombreux visiteurs, dont des journalistes, de témoigner d'un mode de vie rudimentaire mais authentique.

Depuis toujours l'homme a su, ici, s'adapter à son milieu, certes très hostile, mais protégé des ambitions humaines. Vivre reculé de tout, presque en autarcie, était imposé par une nature prospère, bien que difficile, où les marais ont longtemps prédominé.

Ce n'est pas la pierre qui nous rappelle notre histoire, mais les récits des hommes qui vivaient dans un pays sauvage. On se souvient des légendes et des histoires de sorcières. On se rappelle les « *Tchanquaires* », ces bergers qui arpentaient les landes marécageuses sur leurs échasses. On imagine les pèlerins de Saint-Jacques-de-Compostelle traversant courageusement ces interminables marais en direction de l'Espagne. On pense aussi aux résiniers qui exploitaient et entretenaient la forêt, pour retirer des arbres leur force et leur pouvoir ; ou encore aux pêcheurs défiant l'océan et les éléments pour rapporter le « fruit de leur labeur ».

Les hommes se sont battus pour cette terre si merveilleuse, et l'ont aimée comme on peut aimer la vie. Aujourd'hui, la nature a gardé sa place de doyenne ; elle reste la maîtresse des lieux, offrant une grande diversité et de nombreuses richesses naturelles.

Présentation

Le Bassin d'Arcachon a vu son histoire et sa géographie évoluer en fonction des éléments naturels. Ils ont commencé à façonner le littoral aquitain bien avant que l'homme ne maîtrise les métaux. Aujourd'hui, les Landes de Gascogne et le Bassin d'Arcachon ont fini par s'ouvrir au monde et engendrer des générations d'hommes passionnés. Ils seront fidèles corps et âme à leur nouvelle patrie.

Cette lagune, entre terre et mer, ceinturée par un océan vert de pins maritimes, se termine par une presqu'île où se dessinent de longs et interminables contours de sable fin. Cette jeune avancée de terre est en partie le résultat de variations climatiques survenues depuis la fin de la dernière glaciation. La presqu'île de Lège-Cap Ferret constitue la partie la plus récente du Bassin d'Arcachon. Elle représente une terre nouvelle porteuse d'espoir où l'on retrouve l'essentiel. Elle se termine par une pointe sableuse, ballottée entre les éléments naturels. Témoin de nombreux naufrages et aujourd'hui victime de l'érosion, la pointe du Cap Ferret continue d'éblouir les visiteurs par l'originalité de ses paysages.

On reconnaît au Cap Ferret, dans ce petit village du « bout du monde », de nombreuses ambiances et paysages du Bassin d'Arcachon. Il reste profondément imprégné par ses ancêtres gascons, tout en dévoilant un visage plus jeune, celui d'un enfant qui découvre le monde. On ne peut que s'émerveiller dans ce petit coin de paradis, aux horizons toujours changeants par le jeu des lumières et des marées. Le Cap Ferret reste fidèle à lui même, tel qu'on l'a toujours connu, au point d'avoir l'impression de remonter le temps. Il constitue un espace naturel préservé et protégé, et pourtant si fragile.

Il n'y avait pas de pasteur ni de moutons sur le Cap Ferret, mais des vaches et des chevaux semi-sauvages y pâturaient. Il n'y avait pas vraiment de résinier, mais on y plantait des pins pour fixer les sables et protéger les cabanes. Trait d'union entre deux mers et le continent, cette presqu'île est le vestige d'une région instable et mouvante, où une nature riche et originale évolue en toute quiétude.

La Presqu'île et le Bassin d'Arcachon

La presqu'île de Lège-Cap Ferret borde le Bassin d'Arcachon sur toute la côte nord-ouest dite « Côte Noroît ». Accessible dans un premier temps seulement par bateau, le Cap Ferret, situé à la pointe de la presqu'île, est resté longtemps isolé. Depuis un peu plus de deux siècles, cette langue de sable s'est petit à petit ouverte au monde. Après l'avoir découverte, de nombreuses personnalités, grandes familles, artistes, philanthropes et aventuriers en tombèrent définitivement amoureux.

Avec près de 150 000 visiteurs par mois en saison estivale, pour 6 391 habitants à l'année (recensement 1999), la presqu'île s'est transformée depuis une vingtaine d'années en une véritable institution touristique. A l'instar du vignoble et de ses grands châteaux, elle est devenue – et cela est vrai pour l'ensemble du Bassin d'Arcachon – une destination de renommée internationale. Cette presqu'île forme une avancée de sable, s'étalant du nord vers le sud sur 25 kilomètres de long. Elle s'oppose aux assauts répétés de l'océan Atlantique, en laissant deux passes entre sa pointe et la dune du Pilat. Elle a commencé à se façonner à partir de 2 500 ans (BP)*, par l'action conjuguée de la montée des océans et de la régularité des vents dominants, des courants côtiers, et de la houle atlantique ; le tout s'opposant à la puissance et au fort débit d'une rivière landaise, la Leyre.

La Leyre est donc à l'origine de la formation du Bassin d'Arcachon, lorsque des bouleversements climatiques à la fin du Paléolithique ont contribué à la fonte des glaces et à la remontée de l'océan sur le plateau continental.

** BP : Before Present, avant aujourd'hui.*

Photos aériennes B. Lafosse

La Presqu'île et le Bassin d'Arcachon

Une évolution géologique récente et atypique

La plaine des Landes de Gascogne

La transgression Flandrienne

La formation du Bassin d'Arcachon

La plaine des Landes de Gascogne

Entre -5 millions et -1,8 million d'années au Pliocène, des sédiments granuleux et sableux ont été apportés et déposés depuis les montagnes du Massif Central et des Pyrénées par des systèmes fluviaux qui se jetaient dans l'océan.

Il y a douze mille ans, à la fin du Paléolithique, la planète arrivait sur la fin de la dernière glaciation. D'énormes quantités d'eau étaient figées et retenues au niveau des pôles et des glaciers, lesquels étaient nettement plus nombreux. La banquise descendait jusqu'en Angleterre ; on pouvait alors traverser la Manche à pied.

Sur le littoral atlantique, le niveau des océans était beaucoup plus bas qu'aujourd'hui, soit cent vingt mètres au-dessous du niveau actuel, et le trait de côte se trouvait à une cinquantaine de kilomètres plus à l'ouest. Le plateau continental s'était retrouvé complètement découvert en laissant exposés aux vents les nombreux sédiments déposés par la mer. Les vents dominants d'ouest ont balayé pendant des milliers d'années ces sables anciens. Le climat froid et sec engendrait une végétation basse et clairsemée de steppes et de toundra, ne pouvant offrir aucune barrière aux vents. Les sables éoliens ont envahi le continent sur des distances importantes, pour recouvrir une grande partie du plateau landais sur plusieurs dizaines de mètres d'épaisseur au-dessus des précédents dépôts tertiaires. C'est ainsi que se forma la plaine des Landes de Gascogne, essentiellement constituée du « sable des Landes ».

La plaine des Landes de Gascogne forme un triangle approximatif entre Le Verdon, Bordeaux et Bayonne. Elle se rajoute au-dessus de multiples strates de sédiments d'origine marine, beaucoup plus anciennes. Ces couches successives recouvrent, sur près de deux à quatre mille mètres de profondeur, une partie du Bassin aquitain. Quelques poches de pétrole sont accumulées dans des structures géologiques et emprisonnées sous les sédiments. Cette énergie fossile témoigne du temps où le Bassin aquitain, il y a des millions d'années, était recouvert par des mers de climat tropical.

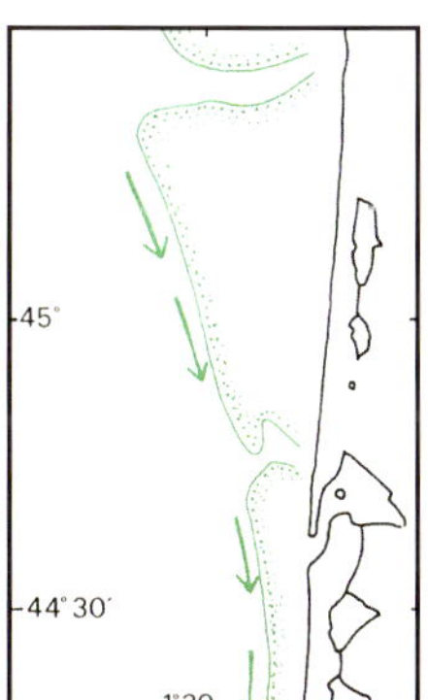

Orientation du littoral vers - 10 000 ans avant J.-C., d'après J.-M.Froidefond, 1982

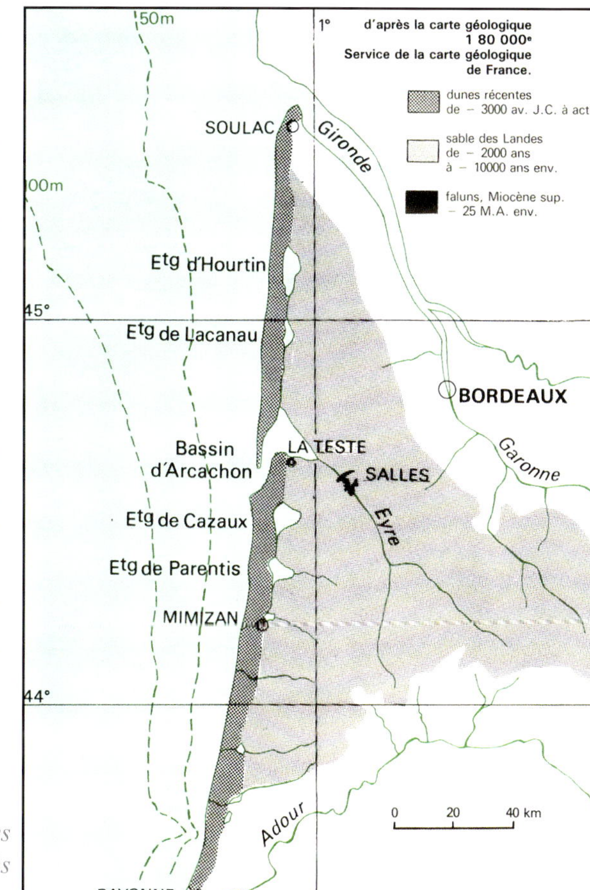

Aquitaine occidentale, plaine des Landes de Gascogne, d'après P.-J. Labourg sur carte IGN

La transgression Flandrienne

La période glacière se termine, le climat se réchauffe et tous les paysages se transforment. Une nature plus clémente s'épanouit, de nouveaux écosystèmes apparaissent, un environnement moins hostile se met en place, et l'homme va apprendre à définitivement le maîtriser.

Un des premiers et principaux bouleversements qui contribua en grande partie au remodelage de notre littoral est la fonte des glaces avec la montée des océans. A la fin du Paléolithique, l'océan Atlantique va progresser à l'intérieur des terres, sur plusieurs kilomètres, par rapport au trait de côte actuel : c'est la transgression flandrienne. Cette progression a commencé il y a près de 10 000 ans et va subir plusieurs fluctuations directement liées aux variations climatiques.

Il y a environ 5 000 ans et 3 000 ans l'océan va progresser puis redescendre à plusieurs reprises, laissant sur le littoral de nombreux sédiments d'origine fluviatile, dont de grandes quantités de sable sous forme de dunes. Ces deux systèmes dunaires naturels successifs ont été appelés « dunes paraboliques ou anciennes » (-5 000 ans) et « dunes barkhanes ou modernes »* (-3 000 ans). Au cours de la dernière phase de la transgression flandrienne, l'océan est remonté jusqu'à 3,50 mètres au-dessus du niveau actuel. De -3 000 jusqu'à notre ère, il régresse à nouveau à deux reprises, vers - 2 275 et -960, pour revenir ensuite à l'état présent. Les dunes naturelles accumulées empêchent tous les petits cours d'eau de pouvoir se déverser dans la mer ; l'eau douce ainsi bloquée va participer à la formation des étangs médocains et landais. Les eaux vont naturellement s'écouler vers le sud, derrière le système dunaire, pour se déverser au nord de l'actuel Bassin d'Arcachon. Ces étangs vont stocker énormément d'eau pour former de grands lacs entourés de zones marécageuses. Chaque hiver, les eaux de ruissellement, retenues en partie par l'alios**, se rajoutent et augmentent le phénomène. Un immense lac, « l'étang doux du Médoc », s'imposa dans tout le nord du département, tandis qu'à Sanguinet, dans les Landes, les villages gaulois et gallo-romains seront noyés et déplacés à plusieurs reprises, pour se retrouver aujourd'hui immergés sous le lac de Cazaux.

** Il est aujourd'hui encore possible de voir ces dunes naturelles laissées par la montée des eaux. Les plus anciennes sont visibles depuis l'observatoire de la Réserve naturelle de l'étang de Cousseau au nord de Lacanau, où l'on reconnaît bien leurs formes. On peut aussi se promener sur une de ces dunes plusieurs fois millénaires dans la « Forêt usagère de La Teste » au niveau de la « dune de la grande montagne » et de la « dune de la Truque ». Pour les Barkhanes, il suffit de monter sur la dune du Pilat ou de visiter les villages ostréicoles de la presqu'île, dont la plupart sont protégés par des dunes modernes, aujourd'hui boisées et fixées. La route de la Vigne avant d'arriver au Cap Ferret en est un parfait exemple.*

*** L'**alios** est un grès siliceux ferrugineux, quasi étanche, présent à partir de quelques mètres de profondeur. De fines particules de fer, présentes naturellement dans le sol des Landes, s'agglutinent avec le sable et la matière organique en décomposition, pour former par tassement une roche sédimentaire, sous forme de bancs, sous le sable.*

L'alios est un grès siliceux ferrugineux de couleur rouille, présent à quelques mètres de profondeur

Certains alios, plus solides et compacts, étaient taillés en pierre « la garluche »,
puis utilisés dans la construction de maisons

La formation du Bassin d'Arcachon

Le Bassin d'Arcachon a subi les mêmes influences, mais avec un résultat bien différent de ses voisins, les lacs médocains et landais. Les différents cours d'eau, obstrués par les sables, avaient des débits relativement faibles et facilement modulables, contrairement à la Leyre qui profite d'un bassin versant plus important, lui permettant d'augmenter son débit. Elle a toujours réussi à trouver un exutoire vers l'océan Atlantique, en imposant ses eaux ferrugineuses au travers des sables, et en contournant les dunes avant d'affronter les vagues et la puissance de l'océan. La Leyre prend sa source près de Luxey dans le sud des Landes, à 80 kilomètres en amont. Bien avant l'histoire du Bassin, elle se jetait dans l'océan Atlantique plus au nord-ouest de l'actuel trait de côte, en suivant une faille tectonique apparue lors de la formation des Pyrénées. Cette faille est visible sur une carte topographique, par l'aspect rectiligne (dans la continuité de la Leyre) de l'actuelle côte nord-est du Bassin d'Arcachon.

La montée des océans va d'abord former un estuaire au niveau de l'embouchure de la Leyre. Les sables dunaires vont ensuite ralentir le débit de la rivière et gêner son écoulement. Les sédiments se déposent pour former des îlots, et la Leyre se divise en plusieurs bras. Petit à petit, l'estuaire de la Leyre devient un delta où la rivière se divise en plusieurs canaux, aujourd'hui appelés chenaux ou « *estey* ». Les dunes anciennes et modernes réussiront à détourner ces chenaux vers le Sud, sans jamais réussir à les obstruer. Son nouvel exutoire dans la mer traverse un large delta, puis s'oriente vers le sud en formant une courbe, au lieu de continuer vers le nord en direction de l'actuel Grand-Crohot. Les dunes naturelles laissées par l'océan ont commencé une amorce de presqu'île de sable sur la rive nord du delta, en direction du sud.

Une fois la transgression flandrienne terminée, et le trait de côte stabilisé, d'énormes quantités de sable se sont accumulées sur le plateau continental. Tout au long de notre histoire, d'autres sédiments, entraînés par la fonte des neiges, vont continuer de se déverser dans la mer, par la Dordogne, la Garonne et leurs affluents, à la sortie de l'estuaire de la Gironde, plus au nord du département.

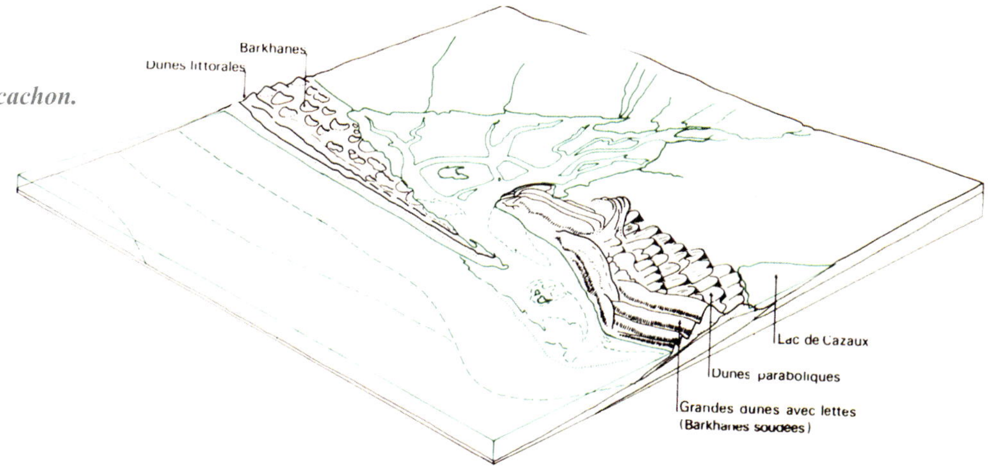

Bloc diagramme du Bassin d'Arcachon.
D'après Mr F. Manaud, 1971.

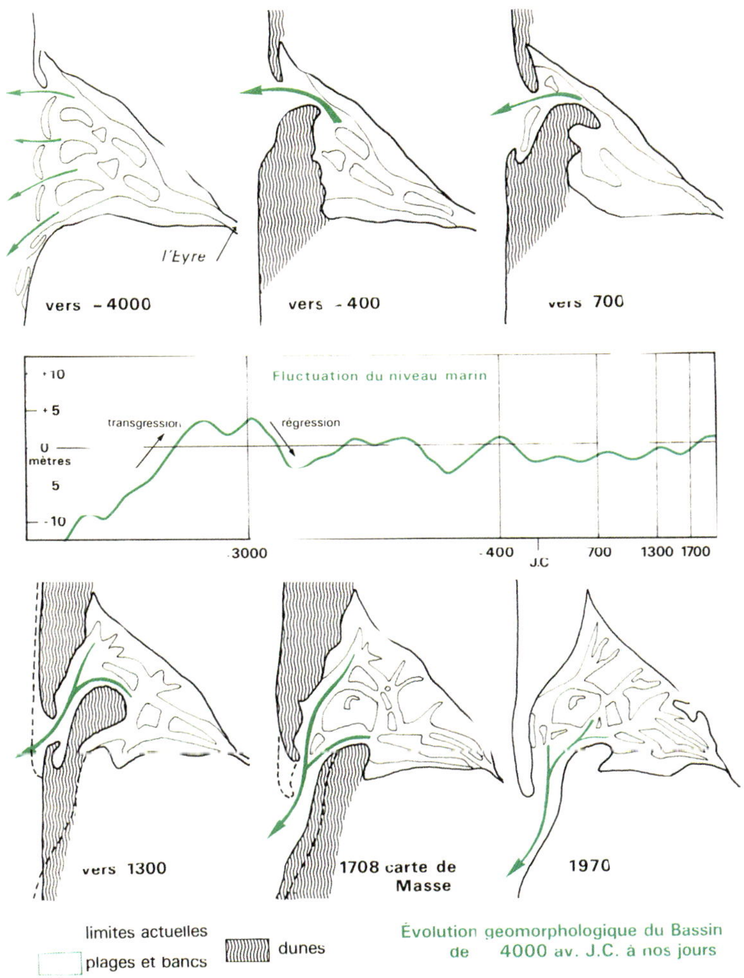

D'après Mr J.M. Froidefond, 1982

Photo aérienne du Bassin d'Arcachon.
I.G.N. Saint Médard en Jalles

Le Gulf Stream est un courant chaud qui arrive des Caraïbes, en remontant vers le nord, à l'ouest de nos côtes. Ce courant réchauffe nos latitudes et nous évite des hivers plus froids ; il engendre un courant compensatoire qui descend vers le sud, par opposition au courant chaud qui, lui, remonte. Ce courant côtier, appelé « dérive littorale », déplace en permanence vers le sud jusqu'à 750 000 tonnes de sable par an, en réalimentant toutes les plages. Le littoral est ensablé tout au long de la côte formant un cordon de plages rectilignes ; sauf au niveau de la Leyre, où la dérive littorale et la houle atlantique, n'étant plus amorties par les plages, se rencontrent et s'opposent à son delta. Le sable arrive en masse et se dépose contre les dunes modernes au nord du delta, pour former une barrière de sable qui s'allonge vers le sud, poussant l'exutoire de la Leyre qui tend à se courber. Cette langue s'agrandira et s'allongera tout au long de notre histoire, et deviendra, en trois mille ans environ, la presqu'île de Lège-Cap Ferret.

Le Bassin d'Arcachon glisse légèrement vers le sud, sans jamais se boucher. Essentiellement constitué de sédiments, il est, dans sa globalité, en perpétuelle évolution. Le littoral bouge en permanence sous l'influence de l'hydraulique. Pendant que la presqu'île de Lège-Cap Ferret s'allonge, tout au long de notre histoire, l'Ile aux Oiseaux se détache progressivement de la rive sud du Bassin d'Arcachon, entre le XIIe et le XVIe siècle. Au Moyen Âge, les courants ont creusé et détaché une presqu'île au niveau de l'actuelle Arcachon sur la partie sud de la « petite mer de Buch »*. Cernée par les chenaux et brassée par les courants montants et descendants, cette « presqu'île d'Arcachon » s'est séparée du continent pour se retrouver au centre du Bassin.

Constituée aux deux tiers de vasières, l'Ile aux Oiseaux s'étend aujourd'hui sur près de mille hectares, à marée basse. Cet îlot, où une partie de la population locale attrapait des canards, à l'aide de grands filets, « les tatch », tendus horizontalement au-dessus des vasières, a vu quelques décennies plus tard les premières concessions ostréicoles s'installer sur son estran**.

** Le **Bassin d'Arcachon** est une lagune ouverte sur l'océan Atlantique. Tout au long de l'histoire des hommes qui l'ont peuplée, elle aurait eu plusieurs appellations, dont voici quelques exemples : la petite mer d'Ignac, Le havre d'Arcasson, la petite mer de Buch et la mer d'Arcachon.*
*** **L'estran** est la partie immergeable à chaque marée. Sur le Bassin d'Arcachon, il est principalement constitué de vasières, dénommées slikke, et shorre pour les prés salés. La vase constitue un des milieux les plus riches de la planète avec les mangroves, les deltas et les estuaires, grâce à une biomasse régulière et importante.*

Ph. F. Carnoy

A gauche : dune littorale du Bassin d'Arcachon.

A droite : delta de la Leyre, et côte Nord/Est du Bassin d'Arcachon.

Carte de Belleyme, IGN - Saint Médard en Jalles

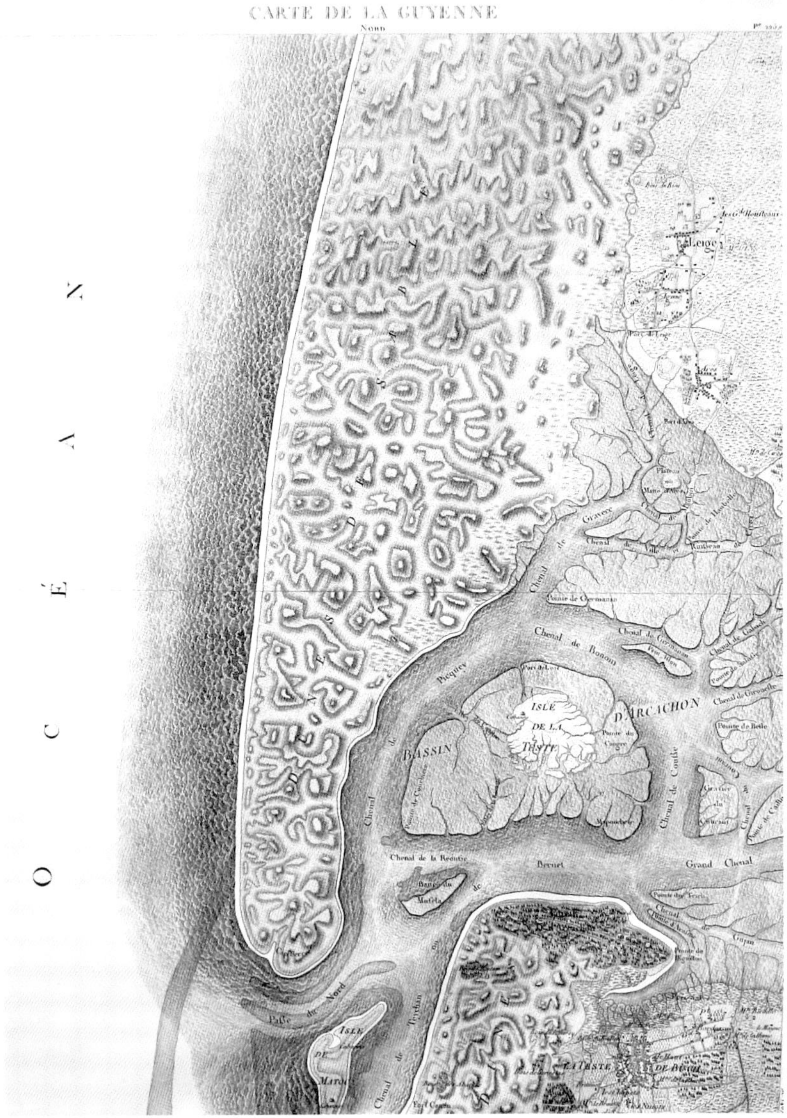

La Presqu'île et le Bassin d'Arcachon

Des paysages modifiés et des aménagements conséquents

La fixation des dunes, la grande forêt et la révolution industrielle

Arcachon et l'ostréiculture. La Grande Guerre et les congés payés

Le Bassin aujourd'hui

Les ripisylves (les forêts en bordure des cours d'eau) et les marais boisés sont des milieux beaucoup plus riches que la pinède.

La pinède aquitaine est une forêt artificielle plantée sur les anciens marais.

Le bois de production issu de la jeune forêt permet de développer une nouvelle économie pour la région.

La fixation des dunes, la grande forêt et la révolution industrielle

L'Aquitaine est passée d'une végétation de toundra et de pins sylvestres à une lande humide, improductive et dangereuse, avec quelques forêts mixtes. La fixation des sables et le drainage des marécages est l'une des dernières étapes qui bouleversera définitivement la région, et la presqu'île de Lège-Cap Ferret.

Au Moyen Âge, le triangle des Landes de Gascogne, du Médoc au Pays Basque, formait une vaste plaine à lande humide, où il était plus aisé de se déplacer en échasses. Quelques villages, installés aux bords des cours d'eau, vivaient isolés au milieu des marais. Ces marécages étaient hostiles et insalubres. La pélagre – une espèce de « palu » local –, et autres maladies transmissibles par les moustiques y faisaient des ravages. Il était facile de s'y perdre, et d'y tomber malade. Les pèlerins de Saint-Jacques-de-Compostelle, redoutaient ce passage, avant l'ascension des Pyrénées, pour rejoindre la Corogne en Espagne. Il fallait affronter les brigands et les loups, les sables mouvants et la fièvre, en évitant de se perdre dans ce pays de légendes et de sorcières. Tout au long de leur pèlerinage, des sources landaises dédiées à un saint protecteur ou guérisseur leur permettaient de reprendre des forces et du courage. Certains pèlerins venus d'Angleterre, de Bretagne et de Hollande, préféraient parfois prendre le bateau, depuis le Médoc pour la Galice, afin d'éviter les marais et la montagne ; avant de voir le tombeau de celui qui aurait connu le Christ.

A partir du XVe siècle, jusqu'à la Révolution française, les sables, déposés sur les plages par les courants, puis repris par les vents dominants d'ouest, envahissaient l'intérieur des terres ; notamment aux XVIIe et XVIIIe siècles, où de grandes quantités ont été déposées par la mer sur le littoral aquitain. Les « passes » du Bassin d'Arcachon étaient largement obstruées par le « banc de la Pile », et les dunes avaient recouvert les villages de Soulac, de Lège, du Porge et de Biscarosse. L'église de Soulac, au nord du département, s'est retrouvée sous les dunes, et il n'en restait d'apparent que la croix du clocher, à laquelle le bétail était accroché lors du marché local. Aujourd'hui libérée des sables, il reste sur la croix, au sommet, les anneaux avec lesquels on attachait les bêtes. Lège fut déplacée à plusieurs reprises, en 1440 et 1660, face à la progression des sables. Un ingénieur des Ponts et Chaussées tenta, sous les directives du roi Louis XVI, de fixer les sables côtiers, afin de stopper l'avancée des dunes (page 57). Ces premiers essais, commencés en 1782, furent réussis, avant que les travaux ne soient momentanément interrompus par les troubles de la Révolution.

Sur les côtes, les sables continuaient d'envahir les terres, tandis que plus sur le continent, les marécages rendaient le pays insalubre. Quelques décennies plus tard, on reprit les travaux de fixation des dunes ; et sous Napoléon III, on transforma les marécages en forêts de pins. En pleine révolution industrielle, Napoléon III développa de nouvelles économies locales, et fit planter une jeune forêt de pins maritimes (page 74), pour la sylviculture, l'industrie de la pâte à papier et l'exploitation de la résine.

Arcachon et l'ostréiculture. La Grande Guerre et les congés payés

Dès 1826, avec l'arrivée, sous le second Empire, de la bourgeoisie parisienne, bordelaise et européenne, le Bassin d'Arcachon a bénéficié du phénomène de mode des premiers bains de mer. Plus tard, avec la mise en place du chemin de fer, en 1841 et 1857, de nombreux curistes, en traitement de maladies pulmonaires, vont venir séjourner à Arcachon, sous « les effluves balsamiques et térébinthacées des pins maritimes »*. En plein essor de la nouvelle cité, les princes, impératrices et ambassadeurs, viennent découvrir la jeune ville d'hiver et les plages arcachonnaises. Le Cap Ferret, lui, continue un quotidien rythmé selon les saisons de pêche, de chasse et autres activités saisonnières ; tandis qu'Arcachon se développe considérablement et devient indépendante de la Teste en 1860. Une quarantaine de villas se construisent dans la ville d'hiver et différentes infrastructures, dont un casino, s'installent au cœur d'Arcachon pour le bien-être de ses nouveaux visiteurs. Le littoral se retrouve, en grande partie, aménagé et construit, fixant le sud Bassin et les plages arcachonnaises. Ce qui devait continuer à évoluer dans un certain équilibre, au rythme des éléments naturels, se retrouve figé. En parallèle, l'ostréiculture se développe, et les vasières sont exploitées en concessions et parcelles ostréicoles. Les parcs à huîtres sont positionnés sur les vasières au bord des chenaux, protégés par des « *pîgnots* »** et de la « brande »***. Les courants et les dépôts sédimentaires en sont alors quelque peu perturbés ; l'hydraulique du Bassin d'Arcachon se modifie, et s'adapte entre érosion et sédimentation.

* *Citation de **Kauffmannn** journaliste du XIXe siècle, venu séjourner sur le Bassin d'Arcachon.*
** ***Pîgnot** : terme gascon désignant de grands piquets en bois de pin maritime utilisés pour protéger et délimiter les parcs à huîtres.*
*** ***Brande** : nom usuel de la grande bruyère à balai. Tissée, elle forme des panneaux de protection.*

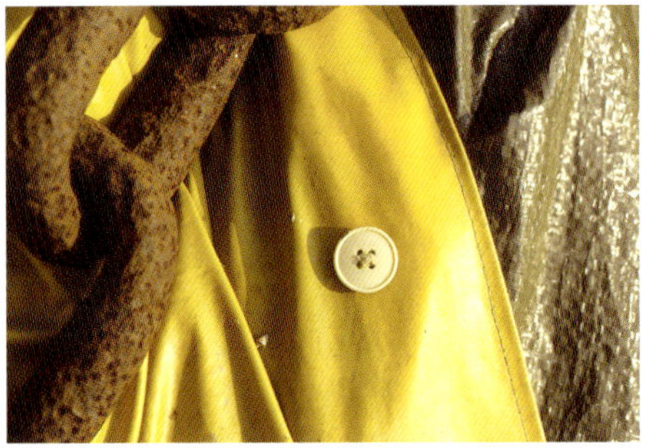

Quelques décennies plus tard, la Seconde Guerre mondiale, laissera des traces indélébiles ; sur la presqu'île, c'est avant tout la préparation contre un éventuel débarquement des alliés, avec la mise en place du « Mur de l'Atlantique ». L'installation des bunkers sur les dunes et les routes d'accès en forêt vont dégrader le littoral, tout en laissant d'énormes blocs de béton sur toute la côte aquitaine.

C'est avec l'arrivée des congés payés, en 1936, et le développement de l'automobile, que tout le littoral français va vivre son dernier grand changement. Pendant l'été, les « petites gens » vont commencer à arriver en masse sur le littoral. De nouvelles activités économiques vont peu à peu se mettre en place. Ce sont les grands débuts du tourisme, qui va se développer un peu partout sur la planète, pour devenir aujourd'hui une nécessité sociale et économique.

Après les dégâts de la Seconde Guerre mondiale, cette arrivée massive de touristes sur les plages continue de dégrader et d'accélérer l'érosion sur le littoral. La forêt, qui compte maintenant de nouveaux promeneurs, se retrouve, comme par le passé, menacée par des risques d'incendies. Face à cette nouvelle population saisonnière, sont aménagés des accès aux plages, des parkings dans les bois et des campings. Les plages sont nettoyées, les zones de baignade surveillées et les forêts entretenues. De nouvelles routes et des navettes maritimes se mettent en place. Les parcs à huîtres, les quartiers ostréicoles et la plaisance sont réglementés. Les commerces fleurissent, et toute une nouvelle vie sociale et économique apparaît. Le tourisme est devenu, devant le vignoble et la forêt, la principale activité économique de la région. Le vignoble bordelais, la forêt des landes et les plages aquitaines représentent un patrimoine exceptionnel, pour l'un des pays les plus visités de la planète.

Photo aérienne du Bassin d'Arcachon.
I.G.N. Saint Médard en Jalles

Le Bassin aujourd'hui

La Leyre continue de se déverser dans le Bassin avec un débit beaucoup moins important que par le passé. Elle traverse un large delta sablo-vaseux, en se séparant en plusieurs bras sinueux, pour se mélanger aux eaux salées du Bassin d'Arcachon. Ce dernier forme une lagune de cent cinquante cinq kilomètres carrés, pour vingt kilomètres de large sur quatorze de long. Il subit les marées quotidiennes de l'océan Atlantique, et la lagune se vide et se remplit deux fois par jour, ne laissant que quarante kilomètres carrés – soit un tiers de sa superficie – immergés. Cent cinquante à trois cent soixante dix millions de mètres cubes d'eau circulent toutes les six heures entre le Bassin et l'océan, par l'actuel goulet d'entrée. Large de trois kilomètres, ce goulet propose en général deux grandes passes, une au nord et l'autre plus au sud, entre lesquelles évolue en permanence une succession de bancs de sable. De vastes vasières, sur lesquelles pousse le plus grand herbier à zostère d'Europe, se retrouvent émergées à chaque marée. Ces vasières, très propices au développement de la vie, forment un énorme garde-manger pour la faune sous-marine et les nombreux oiseaux migrateurs. Une petite partie de l'estran est utilisée pour les parcs à huîtres, dont la plupart se situent autour de l'Ile aux Oiseaux.

Le Bassin d'Arcachon est aujourd'hui surveillé, étudié et protégé aux niveaux régional, national et international. La richesse de son patrimoine naturel est d'une importance fondamentale pour la biodiversité. Dans ses herbiers, de nombreux poissons viennent se reproduire. Les huîtres sont présentes naturellement depuis l'antiquité, grâce à la qualité et la richesse de ses eaux. Les vasières, les prés salés et la forêt sont une étape capitale dans la migration de nombreux oiseaux. La spécificité de son hydraulique et de sa géologie fait l'attention de tous. La beauté de ses paysages et de ses plages sauvages est de plus en plus convoitée.

Le Bassin d'Arcachon se retrouve donc sous différents inventaires naturalistes et dispositifs de protection : il est Z.I.C.O. (Zone d'Intérêt pour la Conservation des Oiseaux), Z.N.I.E.F.F. de type 1 et 2 (Zone Naturelle d'intérêt Ecologique Faunistique et Floristique), sous la convention Ramsar (liste des zones humides d'importance internationale), et Natura 2000 (réseau des habitats naturels d'intérêt européen).

Tout autour du Bassin d'Arcachon, deux réserves naturelles et six espaces naturels sensibles* ont été protégés et ouverts au public. La dune du Pilat est un site national classé et de nombreux villages ostréicoles sont inscrits sur la liste des sites pittoresques. De plus en plus de cellules scientifiques s'intéressent et étudient son milieu. Le Bassin d'Arcachon n'a pas fini de surprendre par ses atouts naturels.

Une dizaine de communes encerclent le Bassin et se partagent quatre-vingts kilomètres de plages. La plus récente est justement celle qui nous intéresse, la commune de Lège-Cap Ferret. Cette presqu'île ne possède que trois mille ans d'histoire géologique et deux cents ans d'histoire culturelle. Au XVIIIe siècle, les seigneurs de Lesparre et de Buch se disputaient les terres littorales, pour y récupérer les trésors déposés par la mer. Suite à un partage de la presqu'île sous Louis XVI, la partie sud de Grand-Piquey à la Pointe du Cap Ferret, fut cédée au captal de Buch, et la partie nord au duc d'Epernon, seigneur de Lesparre. Puis, en 1807, sous Napoléon Bonaparte, les dunes du Ferret furent rattachées à la commune de La Teste. C'est seulement en 1976 que le sud de la presqu'île fut rattaché à Lège, pour devenir la commune de Lège-Cap Ferret, la « presqu'île du bonheur ».

La jeune commune regroupe une dizaine de villages, pratiquement tous installés face au Bassin d'Arcachon, avec chacun leur quartier ostréicole. Seul Lège-bourg, à l'extrémité nord de la presqu'île, se retrouve au milieu des terres. D'une superficie de 10 331 hectares dont 7 500 de forêt, la presqu'île de Lège-Cap Ferret possède, sur 25 kilomètres de long, un cordon de dunes sauvages. Elle bénéficie de deux espaces naturels protégés, les « Réservoirs de Piraillan », d'anciens bassins piscicoles, et la « Pointe du Cap Ferret ». Plus au nord, la Réserve des prés salés d'Arès/Lège est traversée par le canal des Etangs.
Cette Réserve naturelle botanique témoigne d'un passé plus lointain dont nous sommes encore tous tributaires.

** Les E.N.S. sont les propriétés du « Conservatoire du littoral et des rivages lacustres » (organisme foncier) ; ils sont gérés par le conseil général de la Gironde, en partenariat avec les communes et l'Office national des forêts.*

Ph. F. Carnoy

L'esprit cabane commence dans les bois dès le plus jeune âge et finit au bord de l'eau.

Photo F. Carnoy

(6987) CAP FÉRET-ARCACHON
UN COIN DU CAP FÉRET ET LES BORDS DE LA PLAGE.
LA COTE D'ARGENT

101 ENV. D'ARCACHON. — Village du Phare. — LL.

1 CAP FERRET. — Le Cap à marée basse. — LL.

Cap Ferret : « lou Cap Herrer », la pointe de fer !

« Lou Cap Herrer », les premiers hommes

Le « quartier des pêcheurs » et l'avènement de l'ostréiculture

Les premiers visiteurs et les premières villas

Lou Cap Herrer, les premiers hommes

Depuis l'Antiquité, les hommes ont toujours cherché à se rapprocher des rivières et de la mer. Sur la côte atlantique gasconne, ils ont pu très tôt bénéficier des nombreux trésors apportés par les « eaux », dont les produits issus de la pêche et la récupération du sel. Très rapidement, et tout au long du Moyen Âge, les intérêts offerts par le littoral, tels la possession des côtes et l'enrichissement personnel, furent pour les différents seigneurs féodaux l'objet de querelles. En effet, par le « droit de bris », tout ce qui arrivait sur les plages par la mer appartenait systématiquement au « maître des lieux » ; notamment, toutes les cargaisons issues des nombreux naufrages, suite au commerce maritime (page 107 et 169) dans le golfe de Gascogne. En revanche, en l'absence du seigneur, le premier arrivé était le premier servi, et tant pis pour les rescapés voués à leur triste sort.

Ces pillages, au même titre que le braconnage dans l'intérieur des terres, étaient monnaie courante au Moyen Âge. Et cela, dans la continuité de pratiques ancestrales par la population locale, au risque de « blesser » l'autorité du seigneur et d'en payer le prix fort. Au XVe siècle, toute une flotte de navires portugais fut prise dans la tempête au large des côtes gasconnes, pour se retrouver brassée dans la tourmente des vagues atlantiques. La plupart des navires ont coulé ou se sont échoués sur les plages. Mais ce terrible événement va surtout souligner « l'hospitalité des indigènes » envers les rescapés, qui furent, pour la plupart, dépouillés puis abandonnés. Cet accident eut des retentissements jusqu'à la cour du roi et a fait l'objet de nombreux écrits.

La chasse aux cétacés et autres mammifères marins était également largement répandue dans le golfe de Gascogne. Elle aussi faisait l'objet de conflits et de pillages, surtout dans le cas de baleines échouées sur les plages ; les différents villages essayaient alors d'en tirer profit. Ils en récupéraient la viande, les graisses, les nerfs, les fanons et la langue. Mais ce qui attisait l'ardeur des uns et des autres, c'est l'ambre gris issu des sécrétions intestinales de l'animal, très recherché en parfumerie, médecine, pharmacie, et aux soi-disant vertus aphrodisiaques tant convoitées.

Le commerce maritime avec l'Espagne, l'Angleterre et les colonies, engendrait également des trafics illicites et de la contrebande. Certaines cargaisons étaient déchargées de nuit, à quelques kilomètres de Bordeaux, sur les longues plages sauvages, quasiment dénuées de surveillance. « La Lette du mousquet », un lieu-dit situé en pleine forêt au nord de la presqu'île, témoigne de cette période où la douane impériale s'était placée en embuscade pour surprendre un trafic de rhum et de tabac. Quelques pêcheurs solitaires du nord Bassin venaient aussi sur la côte océane pour profiter des baïncs poissonneuses et pêcher au filet, au risque de tomber sur certains pilleurs mal intentionnés. C'est peut-être eux qui observaient régulièrement, à marée basse, les écoulements d'eau douce aux couleurs rouilles chargées de fer, ruisselant en bas des plages. Ces traînées oxydées, déposées sur le sable, sont issues des rejets de l'alios (page 20) dans la nappe phréatique. Encore visibles à marée basse un peu partout tout le long du littoral, ces écoulements justifient l'appellation gasconne de « *Lou Cap Herrer* », la pointe de fer, qui deviendra plus tard le Cap Ferret, terre sauvage et d'aventures avant tout.

Une vie quasi autarcique sur une langue de sable vouée à l'érosion.

Entre cabane et ponton, chasse, pêche et ostréiculture, un quotidien rude mais serein accompagnait les premiers habitants.

Le « quartier des pêcheurs » et l'avènement de l'ostréiculture

Certains pêcheurs s'étaient installés en différents endroits de la presqu'île, tandis que vers la pointe du Cap Ferret (au niveau du phare), d'autres séjournaient de façon temporaire. Pour la plupart en provenance de Gujan-Mestras et de La Teste, ils venaient en chaloupes et en pinasses pour traquer les bancs de poissons à l'entrée du Bassin d'Arcachon. Regroupés à plusieurs, ils s'installèrent dans des cabanes de fortune, sur les plages, où ils pouvaient accoster facilement par la proximité d'un chenal. Positionnés dans des petites conches, face au Bassin d'Arcachon, ils étaient ainsi protégés des vents d'ouest dominants, tout en restant proches des sites de pêche. En 1857, une douzaine de cabanes étaient déjà présentes sur les plages, à proximité du phare, le fameux « Quartier des pêcheurs ».

Tout au long du XIXe siècle, quelques fonctionnaires, douaniers, gardiens de phare, guetteurs du sémaphore et employés forestiers rejoignent cette nouvelle population « d'aventuriers » et de gens de la mer. Sous l'impulsion de Napoléon III, l'ostréiculture apparaît à partir de 1860, et des parcelles ostréicoles sont vendues et installées sur les estrans vaseux du Bassin d'Arcachon. C'est à cette période charnière que l'ostréiculture, tout comme la sylviculture à l'intérieur des terres, se sont imposées en tant que nouvelles industries et économie locale.

Les huîtres sauvages ont toujours été ramassées et consommées, comme en témoignent certains écrits sur le goût prononcé des Romains pour l'huître indigène, la fameuse gravette. De même, tout au long du Moyen Âge, la population locale a continué de puiser les huîtres sauvages dans le milieu naturel, afin d'aller les vendre au marché et « à la ville ». Des dessins du journaliste M. P. Kauffmann au XIXe siècle (parus dans « l'Illustration » en 1898), témoignent de scènes violentes sur les vasières, où les « petites gens » se battent entre différents villages et différentes familles, pour récupérer un maximum d'huîtres pendant la marée. Source de revenus non négligeables, la population eut du mal à changer ses habitudes, et certains continuaient à venir prendre directement dans les parcs ce que « Mère nature » leur offrait, depuis le commencement. Il fallait donc surveiller son capital et les nouvelles parcelles ostréicoles, les parcs à huîtres. C'est la raison pour laquelle les cabanes tchanquées – du gascon « tchanque » qui signifie échasse – ont été installées à l'est de l'Ile aux Oiseaux, où de nombreuses concessions s'étendaient sur les « crassats » (vasières), loin de toute surveillance. Les nouveaux ostréiculteurs vont alors arriver à leur tour sur les plages ferret-capiennes, à proximité des parcs. Ils s'installent à côté des pêcheurs dans des embarcations flottantes assez massives, appelées pontons, où des familles entières pouvaient vivre, tout en surveillant les parcs à huîtres. Véritable vestige culturel d'une vie passée, un ponton est encore installé au fond d'un jardin dans les « 44 hectares ».

Beaucoup moins développé que celui de l'Herbe, plus au nord, le nouveau village formait une ligne principale sur le bord de mer face au Bassin. Certains possédaient un petit embarcadère en bois, avec parfois (à partir de 1930) un treuil mécanique sur rail, afin de pouvoir remonter les produits qui transitaient tous par la mer. En effet, les pinasses à voile, complètement adaptées pour accoster sur le sable, traversaient régulièrement le Bassin, permettant ainsi de nombreux échanges entre les villages voisins. Une véritable vie sociale se développe sur la presqu'île, selon les saisons et les campagnes de pêche, loin des tracas citadins. Plus tard, d'autres bateaux comme les bacs à voile (d'abord utilisés pour l'ostréiculture), vont faire leur apparition, avant de laisser la place à la vapeur et aux bateaux à moteur. On trouve encore, dans la conche du Mimbeau, quelques-unes de ces embarcations qui se posent sur la vase, à chaque marée, dont plusieurs chalands aménagés en cabanes flottantes. Si les bacs à voile sont aujourd'hui revenus d'actualité en tant que patrimoine culturel, les pinasses, elles, restent reines dans cette « escourre » * qui les protège du temps.

Depuis 1931, ***les villages ostréicoles*** *sont officiellement déclarés et gérés par le Service Maritime du port autonome de Bordeaux. Une dizaine de villages sont installés tout le long de la presqu'île, face au Bassin d'Arcachon, dont deux au Cap Ferret. Celui le plus près du centre, le « village du Phare » ou « quartier des pêcheurs », est le premier que les visiteurs découvrent. Le second village « l'Escourre de la douane », situé plus au sud juste à coté du premier, se rapproche de la conche du Mimbeau à proximité de l'ancien poste de douane. Les villages ostréicoles entrent dans une réglementation stricte à l'usage des professionnels de la mer. Les cabanes peuvent être utilisées comme chais, cabanes ostréicoles ou habitations, selon des autorisations accordées pour des durées définies. La fabrication et l'aménagement de ces cabanes rentrent dans des normes pré-établies, tant au niveau des matériaux que des dimensions. Elles sont toutes en bois et couvertes par des tuiles canal. De six mètres de long pour quatre de large, les cabanes sont alignées tous les deux mètres, et peuvent former ainsi plusieurs lignes sur les plages de la presqu'île. Le village de l'Herbe en est un parfait exemple. Il reste le plus grand et le plus prisé par les visiteurs. L'exotisme y est au rendez-vous, et nous plonge vers le continent Africain, avec ses villages de pêcheurs mi nomades installés le long des plages. Aujourd'hui, véritable témoin du patrimoine culturel local, ces quartiers ostréicoles sont fondamentaux pour la profession, mais aussi pour le tourisme. Ils permettent balades et dégustations dans une ambiance et un décor uniques, tant appréciés par un tourisme international. Ils sont tous inscrits sur la liste des villages pittoresques depuis 1981. Gérées par la municipalité depuis 2002, les cabanes sont attribuées sous autorisation d'occupation temporaire pour une période de deux à trois ans renouvelable sur quinze ans, après présentation d'un dossier devant une commission.*

* ***Escourre*** *: terme gascon désignant une anse. Une* ***lugue*** *est une lagune formée par la marée descendante.*

Tuiles chaulées prêtes à être posées dans les parcs ostréicoles pour « collecter » les jeunes larves d'huîtres, et récupérer ainsi les naissains.

Filets de pêche prêts à l'emploi, posés sur un chaland ostréicole.

A parté ! L'ostréiculture sur le Bassin d'Arcachon

Le ramassage des huîtres, la pêche à la pibale, et la « pêche aux canards »** sur les vasières, étaient au Moyen Âge des activités saisonnières très attendues par les familles, pour améliorer le quotidien modeste des gens de mer. A la suite de la découverte du maçon testerin Michelet***, en 1866, l'ostréiculture va devenir rentable et se développer sur tout le Bassin d'Arcachon, pour atteindre en 1882 son âge d'or, avec quatre mille parcs et deux cent soixante-dix millions d'huîtres produites. L'ostréiculture est une activité agricole difficile, qui connut des déboires, dont deux épidémies successives. La profession faillit disparaître à plusieurs reprises, malgré l'arrivée de l'huître creuse portugaise (Crassostrea angulata), introduite accidentellement dans l'estuaire de la Gironde en 1858, puis dans le Bassin d'Arcachon à partir de 1903. Elle remplaça l'huître plate indigène (la gravette, Ostrea edulis, disparue en 1920) avant de mourir à son tour, à la suite de deux épizooties d'origine virale en 1967 et en 1971. Après avoir recherché l'huître qui sauverait le Bassin d'Arcachon, l'huître creuse japonaise (Crassostrea gigas) fut introduite, et sauva l'ostréiculture en assurant des stocks réguliers et rentables, grâce à une croissance rapide.*

*Il est déconseillé d'élever des moules quand on élève des huîtres, puisqu'elles possèdent la même niche écologique et sont concurrentes directes. Les moules sauvages présentes et fixées aux fonds des chenaux, sont draguées et commercialisées selon une réglementation et des quotas bien établis. La mytiliculture et le ramassage des autres fruits de mer se pratique beaucoup plus en Bretagne (bulots et bigorneaux) ou en Méditerranée (moules), de même pour les crustacés, les algues et les salicornes. Le Bassin d'Arcachon est le premier producteur européen de naissains**** (jeunes huîtres), et malgré des années difficiles, il reste principalement axé sur l'ostréiculture. Aujourd'hui, la pêche à pied – le ramassage des coques, des palourdes, des couteaux, des vers de pêches, des étrilles et des crevettes – se pratique couramment, mais seuls quelques professionnels possèdent une autorisation et en vivent.*

* ***Pibales ou civelles*** *: jeunes anguilles qui arrivent de la mer des Sargasses dans les Caraïbes, où les anguilles adultes se reproduisent, après avoir traversé l'océan Atlantique depuis l'Europe. Les jeunes larves ainsi nées vont se laisser porter par le Gulf Stream avant de retrouver les côtes européennes. Elles se regroupent devant les estuaires et remontent les rivières, comme les saumons, où elles sont pêchées à l'aide de filets. Une fois à taille adulte et la maturité sexuelle atteintes, elles descendent les rivières et retournent dans la mer des Sargasses pour se reproduire et mourir.*

** **Pêche aux canards** *: pêche pratiquée sur les vasières à marée basse à l'aide de filets tendus verticalement, pour attraper les canards sauvages en halte migratoire. Cette pratique très lucrative fut difficile à remplacer. Certains sont devenus gardiens des nouveaux parcs à huîtres.*

*** ***Michelet*** *: la découverte de ce maçon testerin, avec sa préparation friable à base de chaux et de sable à étaler sur les collecteurs, permit de débarrasser les supports des jeunes huîtres (le détroquage) sans les blesser. Ensuite, les huîtres sont mises dans des pochons spécialement adaptés (sacs en mailles plastiques), leur permettant de grandir plusieurs années dans les parcs avant d'être commercialisées.*

**** **Naissains** *: ensemble de très jeunes huîtres, d'un élevage, à l'état larvaire. La laitance de l'huître (les cellules mâles et femelles) se libère dans le milieu naturel lorsque la température de l'eau atteint 16 à 22° du 15 juillet au 15 août. Les cellules mâles et femelles se rencontrent pour former une larve qui cherchera instinctivement à se fixer sur un support pour continuer à grandir.*

La pêche à l'océan était largement pratiquée ; tous les membres de la famille, ou une bande de copains, y participaient.

Les vaches pâturaient librement sur les dunes du Ferret avant de prendre le frais à marée basse sur l'estran humide.

Tout au long de l'année, sur la presqu'île, on pouvait chasser dans les bois, dans les dunes et dans les prés salés ou pêcher dans le Bassin et à l'océan. Les vasières offraient les « fruits de mer », et la jeune forêt permettait la cueillette des fruits – mûres, arbouses, prunelles, cynorrhodons – ainsi que le ramassage des champignons. Les plantes comestibles ou aux vertus médicinales apportaient les bons remèdes de grand-mère, tandis que les autres, selon leurs propriétés, participaient au quotidien des « premiers hommes ». En effet, certaines plantes étaient utilisées comme savon, lessive ou détergent, alors que les genêts et les bruyères étaient ramassés comme matériaux de protection.

Il y avait aussi des animaux domestiques, dont des ânes, des cochons et des vaches ; ces dernières pâturaient souvent en plein centre du Cap Ferret, avant de prendre le frais à marée basse, se reposant sur le sable mouillé. On note aussi la présence de mules qui aidaient la population aux tâches quotidiennes. Il était permis de capturer dans les dunes des lédons : de petits chevaux sauvages, très robustes, qui vivaient dans les lettes dunaires ; ils finirent par disparaître, avec le minage du littoral lors de la Seconde Guerre mondiale. Adaptés à la vie maritime, de nombreux chevaux domestiqués allaient pâturer sur l'Ile aux Oiseaux après avoir traversé le chenal, depuis la « Pointe aux Chevaux ». Des bassins piscicoles étaient creusés sur les plages de la presqu'île, séparés de la lagune arcachonnaise par des écluses. Il suffisait de vider les réservoirs à poissons au début du montant, en ouvrant les écluses pour créer un courant inverse vers la lagune, et les alevins le remontaient automatiquement. Ils se retrouvaient ainsi piégés dans les écluses ; une fois la marée haute, il fallait inverser l'ouverture des écluses vers les réservoirs et les jeunes poissons restaient emprisonnés. Elevés pendant près de trois années, ils étaient ensuite pêchés au filet et revendus. Cette technique naturelle, nommée « pisciculture extensive », se pratiquait tout autour du Bassin d'Arcachon. On y élevait surtout des anguilles et des muges, des bars et des daurades royales. Les « Réservoirs de Piraillan » et le port de la Vigne au nord du Cap Ferret furent d'abord des bassins piscicoles, creusés par Léon Lesca, l'ancien propriétaire d'une grande partie de la presqu'île de 1860 à 1913. Les boues récupérées lors des travaux étaient utilisées sur les digues des réservoirs, pour y planter des vignes.

Tous ces produits naturels, très recherchés à Bordeaux (ce qui permettait d'en faire le commerce), satisfaisaient un quotidien quasi autarcique. L'homme puisait dans son milieu naturel pour survivre, comme cela se pratique depuis des milliers d'années. Il doit maintenant préserver ce patrimoine naturel exceptionnel pour ne pas l'épuiser de façon irréversible.

*Les femmes de résiniers fabriquaient des chandelles avec la résine de pin et des bouts de tissus, pour éclairer les maisons ; celles des pasteurs landais et médocains tissaient la laine en manteaux pour l'hiver. Les femmes de pêcheurs préparaient des bouquets de mimosas, et celles des ostréiculteurs vendaient les huîtres tout au long de l'année. Ces produits artisanaux se vendaient à la ville, ou s'échangeaient entre villages voisins soit par bateaux, soit par « **bros** » (page 75) un chariot à deux roues tiré par des mules. Avant l'arrivée des muletiers et du timon, les marchandises étaient transportées par des chariots à quatre roues tirés par des bœufs, appelés « **kas** ».*

Les premiers visiteurs et les premières villas

Avec l'arrivée des premiers bateaux à vapeur, d'une capacité plus importante, le Cap Ferret va recevoir ses premiers visiteurs qui viennent découvrir le phare, les dunes et l'océan Atlantique dans toute leur splendeur. En accueillant ses premiers touristes, le petit village va alors de plus en plus se « sociabiliser » au travers de nouvelles infrastructures mieux adaptées, dont des embarcadères, des restaurants et des petits trains dans les dunes, installés à Bélisaire et à Hortense. Cela permettait aux visiteurs de découvrir le site dans un certain confort. On se souvient de ces cartes postales en noir et blanc, où les dames coiffées, de « bonne famille », se protégeaient du soleil avec leur ombrelle, en se promenant sur les « dunes du Ferret ».

Toute la vie tournait autour du bateau à vapeur, dont le célèbre « Courrier du Cap », véritable institution, attendu de tous. Il apportait de nouveaux visages, mais aussi le courrier, les produits alimentaires, des outils, du charbon de bois et autres denrées, et repartait avec les produits de la pêche, de la chasse et de la cueillette. Il permettait également à la population d'aller prier le dimanche à Arcachon, ainsi qu'aux écoliers d'aller étudier, du moins avant la construction des chapelles et des écoles un peu partout sur la presqu'île. La vie était alors rythmée par les marées, la lumière du jour, les saisons et le bateau à vapeur. Une vie sans électricité, sans cimetière et sans gendarme, où une nature généreuse offrait les produits nécessaires pour un quotidien modeste, mais préservé.

Cette terre lointaine, coupée du monde par une mer intérieure, va elle aussi bénéficier de la mode des premiers bains de mer, avec le débordement d'Arcachon. En effet, la jeune cité se développe avec la nouvelle ligne ferroviaire Bordeaux, La Teste puis Arcachon. De riches investisseurs réfléchissent autour de cet engouement général pour développer d'autres lotissements immobiliers ; le Pyla-sur-Mer en est un parfait exemple. On commence à sérieusement s'intéresser aux « dunes du Ferret », commune de La Teste, où vivent reclus une poignée d'hommes. C'est au cours de ce développement que l'Etat vendit à partir de 1905 et en 1908, différentes parcelles situées à la pointe du Cap Ferret.

En 1919, la partie ouest sur la façade atlantique du Cap, fut échangée entre l'Etat et une compagnie immobilière, pour y installer de nouvelles propriétés. Aujourd'hui, toute cette zone menacée par l'érosion est appelée « les ensablés », comme le sont encore certaines maisons. Au départ, toutes les cabanes étaient en bois, mais avec l'arrivée des premières concessions louées par l'Etat et l'administration des Eaux et Forêts, des matériaux de construction furent acheminés sur place en bateaux, pour construire les premières villas. Des pierres du Blayais et des tuileries de Biganos arrivent sur les cent quatre-vingts concessions déjà accordées en 1919. La villa Argentine, située sur la « Place du Marché » au Cap Ferret, aux briques roses de Biganos, témoigne de cette période.

Le premier phare du Cap Ferret.

Un des premiers tramway du Cap Ferret.

Le sémaphore avant la Seconde Guerre mondiale.

De la forêt à la plage, la traversée des dunes littorales nous prépare à l'immensité de l'océan Atlantique.

Dune grise

Baïne

Dune blanche

A marée basse, les baïnes charment les promeneurs par leurs teintes de jade et de turquoise.

La fixation de la Presqu'île et la forêt de pins maritimes

Le système dunaire, un écosystème riche et étagé

La faune des dunes

Une jeune forêt protectrice

Une grande forêt de production

La faune en « forêt de Lège et Garonne »

Les champignons et les insectes dans la forêt

La flore forestière

De nos jours encore, le littoral, avec son cordon de dunes sauvages, continue de faire venir les visiteurs. Il est devenu un écosystème vivant, d'abord façonné naturellement, avant que l'homme ne cherche à dompter cet endroit magnifique. En effet, face à la mobilité du sable poussé par les vents, il fallut stopper les sédiments et fixer la presqu'île.

Brémontier, un ingénieur des Ponts-et-Chaussées, s'intéressa de plus près à la fixation des dunes atlantiques. Il reprit différentes études déjà réalisées sur les problèmes de progression du sable, et les solutions envisageables. Il commença ses travaux à partir de 1780, en s'inspirant des études de Charlevoix de Villers, de Guillaume Desbiey, et de son partenaire Peyjehan de Francon. Il fit ses premiers essais de 1782 à 1787 à la Teste, et au niveau de Piraillan sur la presqu'île, avant d'être stoppé par les troubles de la Révolution française.

A partir de 1817, les chantiers reprirent sous l'administration des Ponts-et-Chaussées, puis celle des Eaux et Forêts en 1862. C'est donc la même administration qui fixa les dunes, et construisit le phare du Cap Ferret (page 169). Sur la presqu'île, les semis de pins commencèrent dès 1828, et il fallut une quarantaine d'années pour la stabiliser. Les travaux de fixation des dunes restent simples mais conséquents. Cet immense chantier va faire venir de la main d'œuvre, et toute une nouvelle population s'installe sur la presqu'île, dont la majorité arrive des régions voisines.

On aménagea alors des dunes artificielles faisant front aux vents dominants, pour stopper et stocker le sable en utilisant des végétaux adaptés à ce milieu pauvre et mouvant. En effet, en observant la flore locale, on constate qu'elle est appropriée aux conditions difficiles qu'imposent le sable, le vent, le sel et la chaleur. L'oyat ou « gourbet » (*Ammophila arenaria*), est une graminée qui se complaît dans un sable très mobile, où il retrouve tous les paramètres favorables à son développement. Faisant face aux vents il arrête le sable, qui s'accumule au pied de la plante. Plus elle est ensablée, plus elle se développe, et sa racine (son rhizome) se dédouble pour former une nouvelle pousse, tel un bambou qui colonise un jardin.

Dans un premier temps, il fallut donc créer des dunes embryonnaires, par le biais de palissades en bois installées face au vent, et planter des oyats sur le versant océanique. On sema ensuite des graines de pin, de genêt et d'ajonc en arrière dune, pour former une forêt de protection entre les nouvelles dunes artificielles et les villages.
Aujourd'hui, c'est l'Office national des forêts qui a la charge d'entretenir, de surveiller et de gérer la plus grande partie des dunes littorales d'Aquitaine, ainsi que la forêt domaniale. Et cela, contre l'érosion éolienne et la dégradation humaine par le tourisme, en favorisant la faune et la flore pour la protection des milieux et de la biodiversité.

Le système dunaire, un écosystème riche et étagé

Ce cordon linéaire de dunes littorales est donc un milieu artificiel, élaboré par l'homme pour l'homme. Aujourd'hui, la nature a repris ses droits ; une flore et une faune originales y évoluent et s'y développent. Pour les mêmes raisons qu'en montagne, ou dans les prés salés (page 135), la flore se retrouve étagée et positionnée selon ses aptitudes à supporter les éléments naturels : le vent, le soleil, les embruns salés, avec en plus la mobilité du sable et l'absence d'eau douce en surface.

Cet écosystème est donc séparé en plusieurs parties, dont la première est constituée par la **plage** et le **haut de plage**. C'est le milieu le plus agressé, où tapent les vagues, et se dépose la laisse de mer (page 151), ainsi que les déchets issus de l'océan Atlantique. Les vents glissent ensuite vers une première dune embryonnaire séparant la plage du cordon dunaire. Cette partie, colonisée par le Chiendent des dunes, le Cakilier maritime et le Liseron des sables, prépare la progression vers la **dune blanche**. Elle est dite « blanche », car le sable n'y est pas encore suffisamment fixé, et seule une végétation éparse y pousse, laissant ainsi une grande partie du sable nu. Elle domine sur l'océan et le continent ; c'est le royaume de l'oyat et du Panicaut maritime, dont la fleur, aux reflets bleu-violets, représente le logo du « Conservatoire de l'espace littoral et des rivages lacustres ». On y trouve également le Gaillet des sables qui rampe discrètement, déployant ses multiples petites fleurs jaunes, aux côtés de l'Euphorbe maritime, dressée et élancée.

Ces deux premiers étages du système dunaire imposent des conditions difficiles à la flore et à la faune. La situation y est similaire à certains déserts, et les plantes y sont complètement adaptées, supportant le sel et limitant leur évaporation. Les feuilles de l'oyat, par exemple, sont enroulées pour limiter la surface exposée au soleil. En réduisant ainsi l'évaporation, elles économisent leurs réserves en eau. Le Diotis maritime, le Pavot cornu et la Giroflée des dunes, sont couverts de poils pour limiter l'évaporation, tout en récupérant un maximum d'humidité. Le Liseron des sables se répand, en laissant de larges feuilles qui récupèrent la rosée du matin. De plus, la plupart des plantes possèdent des racines pivotantes, profondes ou rampantes, pour éviter le déchaussement et récupérer l'eau. Les racines de l'oyat et de l'Euphorbe maritime peuvent descendre jusqu'à trois mètres de profondeur. A noter aussi la présence privilégiée de la Linaire à feuilles de thym, que l'on croise parfois sur les bords des chemins d'accès aux plages. C'est une toute petite plante, aux fleurs jaunes prédominantes en grappes terminales, formant de petits tapis sur le sable. Inexistante sur le reste de la planète, elle est endémique au littoral atlantique français. Elle est protégée au niveau national et incluse dans le « Livre rouge » de la flore menacée en France.

De gauche à droite en partant du haut : *Immortelle des dunes en premier plan avec des oyats en arrière plan - Yucca ensablé - Diotis maritime Cakilier maritime - Euphorbe maritime - Fleur de cakilier - Panicaud maritime - Linaire à feuilles de thym*

Plantes, mousses et lichens sur la dune grise

Derrière la dune blanche, protégée des vents dominants, arrive le domaine de la **dune grise**. Ici, la flore est plus variée et nombreuse que dans la dune blanche, elle colonise pratiquement tout le substrat disponible, à l'exemple des mousses* et des lichens. En effet, ces derniers se répandent sur le sable plus stable et se rajoutent à la flore générale, ce qui donne à la dune une teinte plus terne et grisâtre. On imagine tout à fait les anciens chevaux sauvages y pâturer en toute sérénité, en harmonie avec le paysage, comme au pays des Tartares, vers des steppes plus lointaines.

La dune grise est le lieu de prédilection de l'Immortelle des dunes, une plante cotonneuse aux fleurs jaunes et odorantes. L'immortelle ne supporte pas l'ensablement, et indique si le sol est relativement fixé. Ramassée pour confectionner des bouquets, elle continue à subir le prix de son immortalité ; son ramassage est interdit, au même titre que l'accès à la dune grise, les plantes étant très sensibles aux piétinements. On retrouve à côté de l'immortelle, l'Armoise de Lloyd et d'autres plantes plus colorées comme la Jasione maritime ou l'Orpin brûlant. Ce dernier était autrefois utilisé comme détersif. Dans les lettes dunaires, plus ou moins humides, différentes orchidées peuvent venir s'installer pour le plus grand bonheur des insectes butineurs. L'Epipactis des marais, une magnifique orchidée sauvage, a déjà été observée à la pointe du Cap Ferret.

Entre dune grise et forêt de protection, on trouve des plantes plus forestières, adaptées au sable et à l'acidité du sol. La présence du Pin maritime participe à la formation d'une litière forestière, constituée en grande partie d'aiguilles de pins. Celles-ci possèdent un antifongique (contre les champignons), limitant la dégradation de la litière en humus. Le sol se retrouve plus acide, et seules des plantes adaptées peuvent y pousser. Une des plus communes, le Ciste à feuilles de sauge pousse sous les rayons du soleil, avec ses fleurs jaunes et blanches similaires à des œufs au plat, très faciles à reconnaître. La Solidage verge d'or fleurit beaucoup plus tard en arrière saison ; elle possède la propriété de soulager les douleurs rhumatismales et arthritiques.

* ***Les mousses*** *forestières (page 89) préfèrent l'ombre et l'humidité. Une mousse, appelée Tortulla, a la spécificité de se dessécher au soleil pour reprendre vie à la moindre rosée. Elle se gonfle vite en eau pour retrouver rapidement un éclat vert vif larmoyant, comme pour un premier jour de printemps.*

Deux orchidées présentes dans les dépressions humides en arrière dune, Serapias lingua (à gauche), et Epipactis palustris. Photo Ph. Nadé

La faune des dunes

Autour de ces plantes originales, il existe toute une faune dunaire particulièrement adaptée à la vie sous le soleil. De nombreux insectes vivent enfouis dans le sable, à l'abri de leurs prédateurs, dont la plupart sortent de la forêt. Les insectes dissimulent leurs larves dans les racines des plantes ou sous le sable. Le Hanneton foulon (*Polyphylla fullo*), un des plus grand coléoptère de nos latitudes, avec ses quatre centimètres de long, vit à l'état de larve, pendant près de trois ans, dans les racines de l'oyat. Deux grands hyménoptères exceptionnels, cousins des guêpes, planent au-dessus des dunes. Le plus grand d'Europe, la Scolie maculée (*Megascolia maculata*), est une sorte de gros frelon inoffensif, tandis que l'Ammophile hérissée (*Ammophila hirsuta*) est une grande guêpe sombre qui paralyse les chenilles et les ramène dans son terrier pour nourrir ses larves.
On trouve aussi la larve du fourmilion (*Myrmeleon inconspicuus*) qui prépare ingénieusement un piège en forme d'entonnoir dans le sable, où elle attrape les insectes de passage, après qu'ils aient glissé au fond du gouffre. Il existe également un coléoptère bousier endémique (*Thorectes sericeus*), spécialisé dans la récupération des crottes de lapins.

En plein été le sol peut monter jusqu'à cinquante degrés, alors, certains comme les Escargots des dunes, préfèrent le quitter et s'accrocher en hauteur. Ils restent ainsi ventilés par les brises marines, sur les feuilles d'oyats ou d'armoise, en formant de belles cibles pour les oiseaux de passage. Le Pélobate cultripède (*Pelobates cultripes*), un crapaud nocturne et fouisseur, préfère quant à lui se dissimuler en profondeur pendant la journée, évitant ainsi le poids écrasant de la chaleur. Inexistant à proximité du Cap Ferret, on le trouve plus au Nord (Médoc, Charente Maritime et Vendée) de même qu'au Sud (Landes et Pays Basque), ainsi qu'en Méditerranée.
Toute cette vie va faire le bonheur des musaraignes, hérissons et lézards, dont le plus grand d'Europe, le Lézard ocellé (*Lacerta lepida*), peut mesurer de soixante à quatre-vingts centimètres de long. Il est tacheté de vert sur pratiquement tout le corps, parsemé d'ocelles bleus sur les flancs. Essentiellement diurne, il prend discrètement le soleil nécessaire à son énergie vitale, tout en se protégeant des rapaces. Il court très vite, se dressant sur ses pattes la queue relevée, et peut grimper aisément sur les arbres ou les rochers.

Dès le crépuscule, la faune indigène s'anime et sort de ses cachettes, devenant la cible des rapaces nocturnes. « L'effet lisière », entre la forêt et les dunes, est propice à la vie et à la biodiversité. Cette frontière entre « deux pays » ou « deux mondes » facilite les échanges et la prédation. Les lapins et campagnols « galopent » dans les dunes, pendant que les mustélidés remontent la lisière et chassent les rongeurs. Le renard, s'il n'arrive pas à surprendre ses proies favorites, va, en perpétuelle quête de nourriture, manger les poissons et les oiseaux morts, sur la plage. De vieux sangliers solitaires vont apprécier des bains dans l'océan, quand ils ne sont pas occupés à labourer les chemins et la forêt, ou à se débarrasser des parasites dans la boue. Très bons nageurs, ils affrontent les vagues atlantiques, parfois même en plein jour, devant les touristes et les baigneurs.

Sur les deux pages : *Lézard ocellé (Lacerta lepida). Photo Ph. Nadé*

Shore break cassant sur un blockhaus. Photo F. Carnoy

Bécasseaux Sanderling courant au ras des vagues. Photo Ph. Nadé

Une jeune forêt protectrice

Le Pin maritime est depuis longtemps présent dans la région, en bois mixte avec les chênes, souvent positionnés au bord des cours d'eau, à proximité des quelques villages, entre marais, lacs et étangs. Les pins côtoyaient alors les célèbres chênes des druides gaulois et autres essences diverses, comme on en trouve dans une forêt naturelle. Plus tard, ses capacités à pousser vite dans des conditions assez difficiles lui permettront de s'imposer sur toute la Lande de Gascogne. Dans un premier temps on l'utilisa en effet pour fixer le sable littoral, formant un manteau forestier de protection (page 29), entre la jeune dune artificielle et les habitations.

Résistant à des vents jusqu'à cent vingt kilomètres par heure, il encaisse les embruns chargés de sable et de sel, lui brûlant les aiguilles et déséquilibrant l'arbre. Il se défend en adaptant sa croissance de façon à rééquilibrer sa masse, et réoriente ainsi son port tout en cicatrisant ses blessures. Ce phénomène appelé anémomorphose est tout à fait caractéristique du Pin maritime, comme on peut largement l'observer sur toute la frange littorale.

Lors de la plantation des premiers semis, nous avons vu que Brémontier sema, aux côtés des pins, des graines de genêts et d'ajoncs, en arrière dune. Les pasteurs, jusqu'alors, les brûlaient dans la lande, pour favoriser la pousse des graminées, si appréciées des troupeaux. Les genêts et les ajoncs sont des légumineuses ; ils possèdent la caractéristique de capter, au niveau de leurs feuilles, l'azote de l'air, pour en faire des réserves de nitrate dans leurs racines. Ce phénomène est très propice pour élaborer et enrichir les sols pauvres en nitrate, comme le « sable des Landes ». Une fois le sol fixé et engraissé, toute une flore spécifique va venir coloniser la jeune pinède, participant ainsi à former une forêt de protection.

Résine du pin

Anémomorphose du Pin maritime

Coupe transversale d'un tronc de pin

Une grande forêt de production

Tout au long du XIXe siècle, les pins vont pousser sur la presqu'île, pour fixer les sables et lutter contre l'érosion. Mais vers l'intérieur des terres, les problèmes dus à l'insalubrité des marais commençaient à poser des soucis à l'Etat, qui ne rentabilisait pas cette région, jusqu'à présent hostile. A cette même période, l'ingénieur Chambrelent expérimentait ses techniques d'assèchement des marais ; et, sous l'impulsion de Napoléon III, il adapta ses travaux à toute la lande aquitaine.

La plaine des Landes de Gascogne, marécageuse, est alors drainée dans un premier temps (page 29), par le biais de grands fossés nommés « crastes », qui récupéraient les eaux de pluie et de ruissellement. L'eau, ainsi récupérée par les fossés, était évacuée vers de grands canaux aménagés à cet effet, et se déversait ensuite dans le Bassin d'Arcachon. Il était en effet plus facile d'évacuer des lacs, des étangs et des marais, le surplus d'eau vers le Bassin d'Arcachon ; cela permettait d'éviter la lutte contre les sables atlantiques et les dunes littorales. Ces canaux artificiels font aujourd'hui partie du paysage, à l'exemple du « canal des Etangs », où l'on trouve une nature luxuriante et riche de rencontres, entre poissons, libellules, oiseaux et mammifères. Ce dernier était l'ancien tracé du « riou du Porge », une petite rivière sinueuse qui se jetait dans le Bassin depuis les lacs médocains, avant d'être reprofilée, de 1866 à 1871, en un canal linéaire voué à désengorger « l'Etang doux du Médoc », un énorme lac entouré de marais.

Une fois les marais irrigués et drainés, un bornage fut réalisé par l'administration des Eaux et Forêts pour délimiter les parcelles privées de celles de l'Etat. Les parcelles furent ensuite distribuées aux anciens pasteurs, aux communes et à l'Etat. Puis, l'Empereur, par le décret de 1857, imposa à tous les nouveaux propriétaires de planter du Pin maritime. Ce dernier pousse dans le sable, un sol relativement pauvre, et boit beaucoup d'eau, tout en supportant les agressions des éléments naturels. Il possède donc toutes les adaptations et les qualités recherchées par les ingénieurs pour être planté à la place des marais.

La plus grande forêt artificielle d'Europe fut ainsi plantée en quelques décennies, pour s'étendre sur près d'un million d'hectares. La région passe alors d'un paysage agro-sylvio-pastoral à une forêt et une sylviculture intensive. Napoléon III réussit à rendre fertiles, salubres et productifs, ces interminables marais. Au bout de quarante ans, la forêt devint productive, et le bois, acheminé par bateau, fut en partie utilisé comme poteaux de mines, dans le nord de la France et en Grande-Bretagne. On l'employa aussi comme traverses de chemins de fer ou en construction navale, ainsi que pour la réalisation d'habitations. On s'en servait également pour en faire des pilotis et des pavés de rue, car le pin se conserve relativement bien dans l'eau. Le reste du bois devenait matière première dans l'industrie de la pâte à papier, tandis que la résine était transformée en de nombreux produits industriels.

De gauche à droite en partant du haut : airial en forêt - canal des Etangs - récolte de la gemme - bros avec mules (page 49)

Dessins M.M. P. KAUFFMANN, 1891. Collection privée

Gravure M. M. P. Kauffmann, 1891. Collection privée

Brocard en zone ouverte au cœur de la pinède. Photo Ph. Nadé

La faune en « forêt de Lège et Garonne »

La pinède est une forêt artificielle et entretenue, dont l'acidité du sol et l'uniformité des pins réduisent la biodiversité. Même si cette forêt reste verte et accueillante toute l'année, il est difficile pour la faune locale, en l'absence de nourriture abondante, d'y passer l'hiver. Certes, les batraciens et les reptiles ont trouvé la solution en hibernant tranquillement jusqu'au printemps ; mais les chevreuils, sangliers, renards, fouines et autres mammifères sont obligés de faire preuve d'opportunisme pour trouver l'énergie nécessaire à leur survie. C'est pourquoi il est facile, la nuit, de les surprendre aux abords des habitations, ou d'observer la journée les traces de leur passage.

Le sanglier, le plus facile à observer, laisse les bords de routes ou les ronds points complètement labourés après ses fouilles nocturnes. Les chevreuils, lapins et lièvres sortent au crépuscule pour venir brouter les graminées sur le bord des chemins. La fouine, plus courageuse, se rapproche des habitations, venant concurrencer les chats, avec lesquels on peut la confondre en pleine nuit, quand elle traverse furtivement les rues éclairées. Le blaireau, lui, se balade bruyamment à la recherche de toute nourriture disponible, malgré son gabarit imposant et ses couleurs bariolées. Le renard, plus discret, laisse seulement les traces de son passage, car, à l'image de sa réputation, il est plus difficile à surprendre. La redoutable martre, très similaire à la fouine, mais légèrement plus grande, est plus forestière et arboricole ; il est difficile de pouvoir l'observer, seuls les écureuils dont elle est le principal prédateur en connaissent les effectifs.

Le putois, assez rare et beaucoup plus à l'aise dans les zones humides, chasse les batraciens, de nuit, plus au nord de la presqu'île ; il se rapproche, par son mode de vie, du célèbre Vison d'Europe, que l'on trouve davantage vers les zones humides endiguées et les prés salés du nord Bassin. Il ne laisse à personne le soupçon de sa présence, sauf pour le spécialiste au regard averti. La belette, la « mignonnette » de l'équipe, est tellement petite qu'elle peut se glisser dans un trou de mulot ; elle est si discrète que l'on oublie même son existence. La superbe genette, de la famille des mangoustes, plutôt nocturne et arboricole, fuit les hommes, dont elle était dépendante par le passé ; cet ancien animal domestique chassait les rats dans les châteaux à la fin du Moyen Âge. La majestueuse loutre, plus aquatique, nous laisse parfois les traces de ses très rares passages, dont des épreintes ont été observées dans les « réservoirs de Piraillan » ; elle serait venue par le Bassin d'Arcachon, via la « Réserve naturelle des prés salés d'Arès/Lège » et le « canal des Etangs ».

On peut facilement observer, tôt le matin ou tard le soir, et parfois même en plein jour, une partie de cette faune forestière dans les « réservoirs de Piraillan ». Ces anciens bassins à poissons, où Jean Cocteau et Raymond Radiguet se baignaient au début du siècle passé, sont devenus un espace naturel protégé, ouvert au public. Depuis 1998, les îlots situés entre les différents bassins piscicoles accueillent une trentaine de couples de hérons cendrés et, depuis 2002, plusieurs couples d'aigrettes garzettes (soixante en 2004) sont venus les rejoindre aux sommets des pins. D'autres oiseaux, plus discrets que les deux échassiers en nidification, se cachent dans les bois. A partir du printemps, à l'annonce du coucou, les éperviers, palombes et tourterelles animent les cimes de la pinède ; pendant que l'engoulevent d'Europe, la chouette hulotte et la chouette effraie accompagnent tout au long de la nuit les grillons et les courtilières, par leurs chants nocturnes. Tous ces animaux, en perpétuelle recherche de nourriture, peuvent circuler à proximité du Cap Ferret, nous laissant parfois le privilège de pouvoir les surprendre.

Les hérons cendrés donnent aux îlots des réservoirs de Piraillan une toute autre dimension.

De gauche à droite en partant du haut :
Héron cendré faisant son nid. Photo M.-C. Chaumet
Sylvain azuré sur mimosa
Jeune aigrette garzette sur son nid
Grenouille agile en forêt (sur le plateau landais)
Les trois photos du bas : Ph. Nadé

Aparté ! La loutre et la genette

La Loutre commune *(Lutra lutra) : la Gironde est l'un des rares départements où l'on peut encore la trouver. Avec son mètre soixante de long, trente centimètres de haut au garrot et ses seize kilos, elle était le grand prédateur des rivières, des lacs et des étangs, un peu partout en Europe. Très prisée pour sa fourrure, elle fut largement chassée, à l'image des mustélidés européens, comme le Vison d'Europe. D'abord chassée, puis empoisonnée par les pollutions (bioaccumulation*) issues de l'agriculture intensive, elle a vu son habitat diminuer, puis disparaître au profit des aménagements des zones humides. Aujourd'hui protégée, elle est nocturne et crépusculaire, et fuit la présence humaine. Elle évolue entre les étangs médocains et le Bassin d'Arcachon, longeant entre autre le canal des étangs, où l'on peut trouver des traces sur les petites plages de sable. Très joueuse, elle s'amuse avec sa portée annuelle dans les étangs. Elle nage parfois sur le dos, en ouvrant, à l'aide d'un caillou, des mollusques sur son ventre.*

On peut la surprendre, tôt le matin, dans la lagune de Conteau sur la commune d'Hourtin. Redoutable chasseur de poissons, elle file dans l'eau avec un hydrodynamisme parfait, grâce à un pelage complètement adapté. De retour dans sa catiche, sa discrète maison, elle y passe la journée, attendant le crépuscule, pour repartir en chasse. Sa catiche est dissimulée sous une souche d'arbre, au bord de l'étang, où est emprisonné un espace aéré et protégé des curieux. Aussi agile dans l'eau qu'une otarie, elle se cache, comme les castors et les ragondins, en se dissimulant sous l'eau pour accéder à sa maison. De la même façon que pour le Cormoran huppé, au Japon, ou encore les dauphins en Mauritanie, la loutre est, par endroits, domestiquée par les hommes, pour la pêche ; à l'exemple de l'Inde, où elle est utilisée en rivière pour pousser les poissons dans les filets.

La Genette commune *(Genetta genetta) : de la famille des mangoustes et de l'ordre des viverridés, cette élégante genette, carnivore très souple au museau effilé, aurait été introduite « officiellement » au XIIIe siècle, en provenance du Moyen-Orient. Mais il semblerait plutôt, comme le pensait Robert Hainard**, un célèbre naturaliste, qu'elle soit arrivée naturellement par le détroit de Gibraltar, depuis le Maroc, où elle est assez commune. Au Moyen Âge, elle était largement utilisée par les Sarrasins, dans la péninsule ibérique, pour chasser les rongeurs ; au même titre que les furets et les fouines dans les campagnes françaises. Egalement présente dans les châteaux médiévaux, comme nous le montrent de nombreuses tapisseries et tableaux, elle fut supplantée par le chat domestique beaucoup plus docile, à partir du XIIIe siècle au retour des croisades. Plutôt ibérique et méditerranéenne, elle fut stoppée dans sa progression par le tracé de la Loire au nord, et du Rhône à l'est. De nombreuses exceptions ont été observées, notamment dans le Jura. Plus tard, elle fut chassée à l'état sauvage pour sa fourrure, avant d'être protégée à son tour, en 1972.*

De mœurs essentiellement nocturnes, elle vit en solitaire ou en couple, se dissimulant la journée dans les feuillages d'un grand arbre, ou dans une de ses cavités. Très arboricole, elle chasse aussi au sol les rongeurs comme les mulots et les campagnols. Très rapide et agile, au corps allongé, elle s'adapte facilement à son environnement, même si, pour fuir les hommes, elle reste parfois perchée en haut d'un arbre, sans bouger, croyant être protégée et camouflée. La tonalité générale de sa fourrure est plutôt jaune grisâtre, tachetée de noir en lignes horizontales, avec une longue queue épaisse annelée de noir. Facilement reconnaissable, elle mesure environ quatre-vingt-dix centimètres de long, avec sa queue, pour un poids de un à deux kilos. Si la martre et la fouine se ressemblent, il est aisé de reconnaître une genette, ou les traces de son passage ; elle laisse de très longues crottes, souvent déposées au même endroit, sur un caillou en bas d'un arbre, sur le toit d'une cabane ou encore sur un observatoire de chasse. Aujourd'hui, elle est l'un des plus gros prédateurs de nos latitudes et de nos forêts, tout comme le renard.

** **Bioaccumulation** : le phénomène de bioaccumulation concerne tous les plus grands prédateurs au sommet de la chaîne alimentaire. Toutes les toxines, métaux lourds et autres pollutions, fixés dans les végétaux, les racines, l'eau ou l'air, puis ingérés par les consommateurs dit primaires (insectes, lombrics, etc.), vont être ensuite accumulés en grandes quantités par les prédateurs, jusqu'à l'empoisonnement. Ces molécules ne s'éliminent pas et se stockent dans les cellules graisseuses ou dans le sang de l'animal. La plupart des produits à l'origine de ce problème international sont issus des activités humaines, sachant que l'homme est lui aussi concerné par ce phénomène, puisqu'il se trouve être, aujourd'hui, le dernier maillon de la chaîne.*

*** **Robert Hainard** était un artiste naturaliste qui se passionna pour les mammifères au siècle dernier.*

De gauche à droite en partant du haut :

Ecureuil roux

Genette commune

Martre commune

Loutre commune

A parté ! Les batraciens et les reptiles

Il y a peu de batraciens et de reptiles sur le Cap Ferret, par manque de zones humides, malgré la présence de quelques mares derrière la vigne. On pourrait tout à fait y surprendre une ponte de batracien, sorti de sa cachette forestière après hibernation. On se souvient tous du gros **Crapaud commun** *(Bufo bufo), trouvé le soir dans notre jardin. Mais la plupart des batraciens, comme le* **Crapaud calamite** *(Bufo calamita), que l'on trouve dans les dunes littorales, préfère rester discret.*
De même que pour les reptiles, tous ces animaux au sang froid craignent les hommes. Il est vrai que nous sommes nombreux à avoir surpris une vipère, ou une couleuvre, prenant le soleil, au risque de voir resurgir cette peur phobique et ancestrale que notre société occidentale cultive pour les serpents. Ils sont pourtant peu nombreux à présenter un réel danger, car dénués de venin. Par contre autour du Cap Ferret, il est possible de rencontrer la **Vipère aspic** *(Vipera aspis), ce serpent venimeux que l'on peut croiser, étendu au soleil, à proximité d'une haie touffue. Il est plus facile en revanche de surprendre une* **Couleuvre verte et jaune** *(Coluber viridiflavus), même si elle est plus rapide à déguerpir. Cette dernière est plus grande et plus agressive que la vipère, bien qu'elle soit inoffensive en l'absence de venin. Elle est l'une des couleuvres les plus virulentes et peut se dresser en soufflant, mordre sévèrement, et fouetter son agresseur avec sa queue. Elle chasse à l'affût et tue par constriction.*
On pourrait tomber, par chance, dans les chênaies au nord de la presqu'île, sur une **Couleuvre d'Esculape** *(Elaphe longissima), une des plus grandes couleuvres d'Europe, très souvent arboricole. Posée dans les branchages, de couleur verte uniforme, elle prend le soleil nécessaire à tous les reptiles, pour emmagasiner l'énergie propre à sa survie. Il se dit qu'en traversant des broussailles, on peut se retrouver avec la couleuvre en collier. C'est elle que l'on trouve sur le caducée, en hommage à Hippocrate et à Asclépios, le dieu grec de la médecine – Esculape en Romain – qui prônaient les vertus médicinales du venin de serpent.*
Un peu plus au nord, le long du canal des Etangs, la présence de la **Cistude d'Europe** *(Emys orbicularis), une petite tortue aquatique de couleur « vase » tachetée de jaune, hiberne au fond des rivières et des étangs. Cette discrète prédatrice aquatique se dissimule, immobile, au milieu des herbiers, et chasse à l'affût. Elle possède une longue queue effilée et de longues griffes, adaptées à la nage et à son milieu naturel. On peut l'observer, le matin, sur le canal des Etangs, en train de prendre le soleil sur une branche au bord de l'eau ; mais attention, au moindre bruit, elle plonge et disparaît. Elle subit la concurrence de la* **Tortue de Floride**, *récemment importée de Louisiane pour être vendue et mise en aquarium, leurs propriétaires les relâchant quand devenues trop grandes. Plus agressive et plus puissante que la cistude, elle possède la même niche écologique et met en danger sa population, prenant la place de la tortue indigène. De plus, les jeunes tortues cistudes, immatures, à la carapace encore molle, subissent la prédation de certains oiseaux, comme les Hérons cendrés. Depuis quelques années les cigognes s'installent sur le Bassin d'Arcachon, et se régalent des jeunes populations de cistudes, au risque d'en diminuer les effectifs.*

De gauche à droite :
Vipère aspic (Photo L. Rousserie)
Tortue Cistude d'Europe (Photo C. Pain)

Page suivante : en haut à gauche,
Cistude d'Europe (Photo Ph. Nadé)
en bas à gauche, tête de cistude (Photo C. Pain)
à droite, Rainette verte (Photo Ph. Nadé)

Les arbres, blessés par les insectes ou les champignons,
finiront parfois par mourir, laissant une « nouvelle demeure » à coloniser.

Nid de chenilles processionnaires

Toile d'araignée

Balai de sorcière

Les champignons et les insectes dans la forêt

Les champignons, relativement communs dans les nombreux jardins boisés et dans la pinède, se ramassent un peu partout sur la presqu'île. Au nord, aux alentours de Lège, la présence des chênes, mélangés aux pins, offre une plus grande diversité ; les plus recherchés, les cèpes, y sont relativement abondants. Au sud, vers la pointe du Cap Ferret, ces derniers se font plus rares, de par l'uniformité de la pinède et l'absence de chênes, excepté les Cèpes de pin, plus gras et moins appréciés. Nombre d'entre eux sont comestibles (page 92), mais attention, d'autres peuvent être très dangereux. Certains poussent directement sur des souches ou sur des troncs d'arbres ; souvent impropres à la consommation, on les employait autrefois différemment. Un des plus impressionnants par son gabarit, le Polypore amadouvier, voyait son carpophore (le fruit du champignon) utilisé comme combustible (l'amadou) ou dans la confection de chapeaux pour des effets d'habillement.

Les plantes, les champignons et les pins, vont abriter de nombreux insectes, dont certains sont xylophages, comme les termites, les charançons, les scolytes et les larves du grand capricorne, qui se régalent du bois. La plus grosse fourmi européenne, la Fourmi charpentière, colonise de grosses souches de pin, sous le regard avisé des cigales, camouflées le long des troncs pour se nourrir de la sève. Le Mélampyre des prés, une plante semi-parasite, assez commune, abrite un papillon – le Mélité du mélampyre – qui ne peut survivre sans elle ; il en est de même pour le pin, avec sa célèbre Chenille processionnaire. Chacun garde en mémoire ces longues files indiennes de chenilles colorées, qui descendaient des pins pour venir faire leurs chrysalides sous le sable. Les pinèdes sont des forêts suffisamment ensoleillées pour réchauffer le sol et permettre aux chenilles de se métamorphoser. Elles deviennent papillons pour assurer la reproduction et ensuite mourir à la fin de l'été. Ses poils urticants positionnés sur toute la partie supérieure du corps la protègent des prédateurs. Le contact de ses poils invisibles et volatiles, agresse notre peau, qui laisse apparaître de grosses boursouflures irritantes. Pour certaines personnes allergiques, les réactions peuvent êtres rapidement plus inquiétantes. Face au tourisme, et la population locale se développant, il fallut trouver une solution pour le confort de tous. Les chenilles ont alors régulièrement été parasitées par un bacille (*Bacilius turinginsis*) répandu par hélicoptère. Au Cap Ferret leur population a considérablement diminué, au grand désarroi de la Mésange charbonnière qui s'en régale.

Tous les champignons et les insectes parasites de la pinède, dont nous n'avons pas parlé, participent à développer des maladies qui présentent aujourd'hui, avec les incendies, les principales menaces pour la forêt. Par l'uniformité de la forêt des landes, ces épidémies se propagent et se développent rapidement. En effet, le Pin maritime, très sensible aux maladies cryptogamiques, développe des symptômes, dont certains sont faciles à reconnaître, comme les « balais de sorcière », qui forment des amas concentrés d'épines de pins souvent sphériques, positionnés sur les branches. Ces derniers sont le résultat de l'attaque d'un champignon qui crée un développement anarchique des cellules. La « maladie du rond » et la « fumagine », vont ralentir la croissance des différentes essences forestières, et si l'arbousier résiste à la fumagine, d'autres fragilisés finiront par mourir.

De haut en bas en partant de la gauche :

Mante religieuse - Libellule écarlate - Epeire argiope

Page suivante de gauche à droite en partant du haut :

Vulcain sur fougère
Vanessa atalanta sur fleur de menthe
Citron sur salicaire
Mélité du plantain sur bruyère cendrée

Les photos sur les deux pages, Ph. Nadé

Photo C. Pain

Sac à pollen

Pomme de pin

Jeune fruit du pin

La flore forestière

Au Sud de la « Forêt domaniale de Lège et Garonne », en arrivant sur le Cap Ferret, on trouve une flore caractéristique de la pinède littorale. Ces plantes ont toujours été utilisées par les hommes, dont les druides et les sorcières, les guérisseurs et les rebouteux. On trouve habituellement trois différentes « landes » sur le plateau landais. Elles imposent leurs particularités selon les variations d'humidité et le taux d'ensoleillement. On les différencie par le nom de la plante qui les caractérise le mieux, la lande à Molinies bleues, la lande à Fougères aigles et la lande à Bruyères cendrées. Le Cap Ferret, au substrat plus sec des dunes littorales, n'accueille pas de molinie ; elle demande beaucoup plus d'humidité et se situe plutôt au nord de la presqu'île. Seules la Fougère aigle et la Bruyères cendrée y sont véritablement présentes. La Fougère aigle, une des plus communes sur la planète, témoigne d'un sol ni trop humide, ni trop sec en milieu acide. Elle a la caractéristique de posséder un rhizome (sa racine), qui repousse après les feux de forêt, puisque les frondes sont annuelles.

La lande à bruyères est la plus ensoleillée des trois. La lumière vient s'y réfléchir sur les fleurs roses, violettes de la Bruyère cendrée, dont les étamines sont plus longues que les pétales. Cette petite plante mellifère est un véritable paradis pour les papillons, abeilles et autres insectes. Cette lande est la moins accessible car piquante et épaisse ; les ajoncs et les ronces repoussent le visiteur pour mieux protéger la faune qui s'y repose. Il est pourtant plaisant d'aller y cueillir des mûres, sous le soleil de septembre. La Bruyère à balais ou « la brande », la plus grande de nos latitudes – jusqu'à trois mètres de haut – servait à fabriquer des palissades et des haies de protection pour les jardins et les parcs à huîtres. Fabriquée entre autre au Domaine de Certes à Audenge, elle est encore largement utilisée, malgré ses qualités inflammables et dangereuses pour la pinède ; ses racines étaient parfois utilisées comme combustible.

D'autres plantes plus toxiques, telle la Morelle noire, étaient employées dans les remèdes de sorcières, selon des dosages précis ; de même pour le datura, également utilisé sur d'autres continents. Ces plantes contribuaient à soigner certains maux, mais elles pouvaient tout aussi bien droguer ou empoisonner une personne. L'empoisonnement était une pratique courante au Moyen Âge.

Le Genêt à balais, qui eut un rôle important dans l'histoire de la Lande de Gascogne, possède un alcaloïde – la spartéine – utilisé dans certains traitements de maladies cardio-vasculaires. Autrefois, les moutons s'immunisaient contre les vipères en le broutant. Mais attention, cela reste un poison pour l'homme. Une fois coupé, le genêt pouvait, par ailleurs, être employé pour la pêche aux crevettes. Attachés par la base à une corde tous les deux mètres, ils étaient placés à l'envers, et posés, tel un filet de pêche, entre deux eaux. Le temps de la marée, les crevettes venaient s'y regrouper et se retrouvaient plus tard dans les assiettes. Les pieds de genêts servaient aussi pour recouvrir et retenir le sable dans les dunes, faisant office de couverture sur le sol, entre les semis. Si les boutons floraux pouvaient être consommés en salade, les fleurs, une fois ouvertes, étaient utilisées pour faire des teintures.

Sous les bois, à l'abri du soleil, une moquette de mousses, véritable réserve d'eau, s'étale sur le sol. On retrouve principalement trois mousses caractéristiques de la pinède, la Dicrane en balai (Dicranum scoparium), l'Hypne de bruyère (Hypnum cupressiforme), et l'Hylocomie brillante (Hyloconium splendens).

De haut en bas en partant de la gauche : fruit du chèvrefeuille - Ajonc d'Europe en fleurs - Arbre mort en forêt

Bruyère cendrée

Chêne liège

Genêt à balais

A parté ! Les plantes médicinales et les champignons

Depuis l'apparition de l'homme, la plupart des sociétés tribales ont, jusqu'à l'aube du XXIe siècle, utilisé de nombreuses substances aux multiples vertus, offertes par le milieu naturel. Les amérindiens, par exemple, récupéraient sur les glandes dorsales de certaines grenouilles, aux couleurs éclatantes, de puissants venins pour mettre sur les flèches destinées à chasser le gros gibier ; les chamanes, eux, utilisaient des spores de champignons pour guérir des plaies infectées. Partout sur la planète, l'homme a en partie survécu grâce aux propriétés médicinales de produits récupérés sur des reptiles, des poissons, des mammifères et autres vertébrés ou invertébrés, ainsi que sur des algues, des champignons, des lichens, des arbres et des plantes. De l'Antiquité avec Hippocrate, jusqu'au Moyen Âge avec la tradition des sorcières et des guérisseurs, ces sciences vont se développer entre guérison et empoisonnement, entre découverte et ignorance, pour arriver à la médecine moderne d'aujourd'hui. Nous continuons à rechercher sur les estrans des massifs coralliens, au fond des océans, et sur la canopée amazonienne, la nouvelle molécule ou toxine qui soignera le cancer. L'intégralité du monde vivant sécrète les solutions à nos problèmes, de même qu'il nous nourrit, depuis près de quatre millions d'années.

Les plus utilisées, car très souvent comestibles et faciles d'accès, sont les plantes communes de nos plaines et de nos montagnes, de nos prairies et de nos forêts. Elles proposent aux hommes un panel de propriétés chimiques et médicinales tellement vaste que cela mériterait de réaliser un ouvrage sur cette seule thématique. La plaine des Landes de Gascogne a particulièrement été sensible à ce phénomène, puisque cette contrée hostile et sauvage imposait aux hommes un mode de vie quasi-autarcique. Depuis les druides gaulois jusqu'aux sorcières landaises, la région fut en proie à des pratiques culturelles proches de certaines sociétés tribales plus exotiques. Souvent dénommées « herbes aux sorcières » ou « potion du druide », ces plantes utilisées par le passé sont aujourd'hui employées en pharmacopée et en traitement de maladies spécifiques. Les plus connues – **le datura, la Grande Ciguë, la mandragore, la belladone, la Jusquiame noire, la Morelle noire, la Digitale pourpre et l'If commun** *– sont les plus toxiques et dangereuses. La plupart de ces plantes font partie de la célèbre famille des solanacées, dont la patate et la tomate, ramenées du continent américain, en sont les deux seules comestibles. Beaucoup d'autres plantes, dites rudérales (au bord des chemins), sont utilisées dans de nombreux médicaments. Si certains alcaloïdes sont dangereux pour l'homme, comme la spartéine du genêt, certaines fleurs pourraient tout à fait être utilisées en décoction ou infusion, comme du thé. La* **Fumeterre officinale***, cette plante précoce assez commune sur la presqu'île, est utilisée pour traiter des affections de la bile et du foie, et purifie le sang. Le* **Mouron rouge** *est utilisé pour les traitements de maladies respiratoires. La* **Verge d'or** *soigne les problèmes hépatiques et les calculs rénaux, en infusion. La* **Fougère polypode***, en tisane, devient un laxatif doux, vermifuge, également utilisé en bain pour soigner les plaies. L'***oseille***, riche en vitamines C et en acide oxalique, possède autant d'utilités pratiques que médicinales. Les épis floraux de la* **Bruyère callune** *soulagent, en infusion, les rhumatismes, l'arthrite et l'insomnie. Une décoction de fleurs fraîches, ou séchées, de* **Millepertuis perforé***, aux propriétés antispasmodiques, expectorantes et digestives, soigne l'incontinence nocturne et les maux d'estomac. Les fruits du* **fenouil** *rentrent dans les composants de calmants contre les coliques infantiles. Les fleurs et les feuilles séchées du* **Bouillon blanc** *calment, en tisane, l'asthme, la toux, les angines et les bronchites. Ces vertus thérapeutiques doivent être prises très au sérieux, et il est fortement déconseillé de jouer à l'apprenti sorcier, au risque de confondre les espèces, ou d'utiliser la mauvaise partie de la plante. En effet, certaines plantes sont comestibles à l'état de pousse, mais toxiques une fois adultes. D'autres possèdent des feuilles aux propriétés thérapeutiques, mais des fruits toxiques. La maîtrise des remèdes de grand-mère est une science précise et dangereuse, vieille comme le monde, et méritant un long apprentissage.*

Les **champignons** *associés aux arbres par leurs myceliums, dont les carpophores embellissent nos forêts, sont souvent comestibles, mais difficiles à identifier. Ils proposent en tout cas un mets gustatif supplémentaire pour la faune locale. Voici quelques champignons comestibles à reconnaître dans nos forêts :* **Lactaire délicieux ou catalan** *(Lactarius deliciosus)***, Tricholome équestre ou bidao, chanterelle ou girolle** *(Cantharellus cibarius)***, coulemelle** *(Macrolepiota procera)***, Cèpe de pin ou Bolet jaune** *(Suillus luteus)***, Bolet bai** *(Xerocomus badius)* **et Cèpe de Bordeaux** *(Boletus edulis). Il est déconseillé de manger des bidaos régulièrement ou en trop grande quantité, au risque d'une intoxication. La* **Vesse de loup perlée** *(Lycoperdon perlatum), dont les spores sont astringentes, était utilisée par les pasteurs landais qui en mettaient sur les blessures des moutons. L'***Amanite tue-mouches** *(Amanita muscaria), vénéneuse aux propriétés hallucinogènes, était utilisée dans de nombreuses traditions européennes. Elle contient de l'acide ibérique légèrement insecticide, largement employé depuis le Moyen Âge pour tuer les mouches. L'***Amanite phalloïde** *(Amanita phalloïdes), la plus dangereuse, est à l'origine de la majorité des décès par ingestion de champignons, en Europe.*

De la gauche vers la droite en partant du haut :
Morelle noire en fleur
Fumeterre officinale en fleur
Fruit du datura
Datura en fleur
Fruit de la Morelle noire

Un havre de vie en plein cœur de la pinède

Le canal des Etangs traverse pinèdes et chênaies avant de se jeter par son delta dans le Bassin d'Arcachon.

Entre rivière et ripisylve, toute une faune et une flore profitent de la présence de l'eau.

Carex, joncs, Osmondes royales, que l'on voit au travers des quatre photos présentes sur ces deux pages, ainsi que de nombreuses autres plantes, offrent abri et nourriture pour la faune locale, notamment pour tous les insectes présents à partir des beaux jours, dont les demoiselles, les libellules et les papillons.

Les milieux ouverts, les zones humides et les prairies sont également propices à la vie, notamment sur le plateau landais (forêt andernosienne par exemple) où certaines orchidées embellissent les espaces ensoleillés par leurs couleurs rayonnantes.

Ci-dessus, de gauche à droite : la plus grosse libellule d'Europe (Anax imperator) sur baccharis (Photo Ph. Nadé), Libellule à quatre tâches (Libellula quadrimaculata) et Fadet des laiches. Photo C. Pain.

Page précédente, de gauche à droite : Orchis tachetée (Dactylorisa maculata) avec araignée et Orchis bouffon (Orchis morio). Photo Ph. Nadé.

Page de gauche :

Libellule déprimée (Libellula depressa). Photo Ph. Nadé.
Les Anisoptères, celles que l'on appelle libellules, ont les ailes de différentes tailles. Une fois posées, elles les gardent toujours ouvertes. Les libellules sont souvent plus grosses et plus rapides que les demoiselles.

Page de droite :

Agrions élégants (mâle et femelle en reproduction). Photo Ph. Nadé.
Appelées « demoiselles », les Zygoptères sont de petites libellules aux couleurs toujours surprenantes. Du turquoise au vert, du rouge au bleu, elles embellissent les rivières.
Les demoiselles possèdent des ailes de la même taille, qui une fois posées, restent jointes.

La « Pointe », les « Passes » et les bancs de sable

Le parcours du sable

Les « passes » du Bassin d'Arcachon

Le Banc d'Arguin, une réserve naturelle

La dune du Pilat

Erosion et trait de côte

Quand

la mer

rencontre

le sable !

Photo aérienne I.G.N. Saint-Médard-en-Jalles

Le parcours du sable

Tout au long de notre histoire, l'accumulation des sables sur le littoral a façonné une presqu'île de charme. Aujourd'hui, la mer, les courants et les vagues réalimentent régulièrement nos belles plages en sable. En période estivale, il sèche vite et se stocke sur la côte océane, tandis qu'en hiver les plages se réduisent et subissent l'érosion. Les sédiments sont régulièrement déposés sur les deux cent vingt kilomètres du littoral atlantique.

En arrivant du nord du département par la « dérive littorale », le sable, brassé entre les courants du Bassin d'Arcachon et l'océan Atlantique, se retrouve à la pointe du Cap Ferret. Le courant du jusant, à marée descendante, vide le Bassin aux deux tiers et s'oppose aux vents dominants, à la houle atlantique et au courant littoral. Toutes ses forces vont déplacer les sédiments en suivant une orientation Sud/Est.

En effet, le sable, pris entre les éléments naturels, s'agglutine en bancs, et traverse l'entrée du Bassin pour venir s'échouer sur les plages du Pilat. Il se déplace selon une fréquence approximative de soixante-dix à quatre-vingts années, pour traverser de la pointe du Cap Ferret vers le Sud de la dune du Pilat. Les « passes », par lesquelles circulent les flux et les courants entre l'océan et la lagune, évoluent au fil des années, au même rythme que les bancs de sable.

Une passe se forme au nord de l'entrée – à la pointe du Cap Ferret –, glisse vers le sud et devient médiane, pendant que la passe sud s'ensable et disparaît. Une nouvelle passe se reforme au nord, et le mouvement continue dans un équilibre surprenant, où les énergies et les forces s'opposent. Le sable se déplace en général au rythme des deux couloirs d'entrées de la lagune, la « passe nord » et la « passe sud ».

C'est le fameux et imprévisible goulet d'entrée du Bassin d'Arcachon, qui a surpris les plus expérimentés ; car ici le danger évolue en permanence et n'est jamais le même. Que ce soit l'orage du mois d'août qui surprend les vacanciers, paisiblement installés au Banc d'Arguin, ou une houle d'hiver démontée qui bloque les pêcheurs au large, personne ne peut prétendre, sans un minimum d'humilité, défier les éléments dans ces conditions extrêmes.

La pointe du Cap Ferret, les passes, les bancs de sable et la dune du Pilat font partie de la même dynamique et d'un même ensemble, lesquels sont surveillés et étudiés par différentes cellules scientifiques.

Tout le long des plages océanes, le sable, la houle, les courants et les marées participent à la formation de ***baïnes****. Ces cuvettes d'eau, emprisonnées par des bancs de sable, sont très dangereuses et assez communes sur le littoral. Un puissant courant sortant bloque à quelques mètres du bord le baigneur qui se fatigue et se noie. Pour ceux qui préfèrent rester au bord de l'eau, attention aux* ***vives*** *; ces poissons, aux épines dorsales venimeuses et très douloureuses pour l'homme, se dissimulent légèrement enfouies sous le sable au niveau des baïnes. En cas d'accident, il suffit de plonger la zone piquée dans l'eau ou le sable chaud, pour diluer le venin et calmer la douleur.*

Photo F. Carnoy

Quand les brisants reflètent la lumière du soleil, la côte d'Argent brille d'un éclat étincelant.

Les « passes » du Bassin d'Arcachon

Du XVIe au XXe siècle, grâce au développement du commerce avec les colonies étrangères, le golfe de Gascogne faisait partie de routes maritimes autrement plus importantes ; l'estuaire de la Gironde et le port de Bordeaux étaient alors largement fréquentés. Suite à l'arrivée des chalutiers à vapeur, la pêche industrielle va se développer considérablement, et cela au bénéfice du port d'Arcachon qui fut reconnu au niveau national. Tous ces échanges maritimes entre les différents ports et le passage de nombreux bateaux par l'entrée du Bassin d'Arcachon vont provoquer des naufrages de plus en plus rapprochés.

Au large, le plateau continental et les bancs de sable font face à la houle atlantique ; elle se cassent sur les bas fonds pour former « la barre », les fameux « brisants » que les embarcations doivent franchir. Une houle d'un mètre cinquante à deux mètres en moyenne – parfois jusqu'à huit – se brise sur le plateau, présent à quelques mètres de profondeur. A ces brisants se rajoutent les différents vents de mer et les courants de marée, lesquels s'opposent et affrontent les vagues.

Un fait historique, « Le grand malheur », nous rappelle la dangerosité de ce lieu, quand, en 1836, soixante-dix-huit marins testerins et gujanais, embarqués sur huit chaloupes de pêche, moururent noyés dans les passes, après avoir lutté contre la tempête. En mémoire des disparus, une croix des marins* fut installée sur une dune à la pointe du Cap Ferret. Cette terrible épreuve marqua les mémoires, et accéléra les projets de construction d'un phare (page 169), d'un sémaphore (page 181) et d'un poste de secours avec un canot de sauvetage.

Si les pinasses et pinassottes étaient reines sur le Bassin, car adaptées pour accoster sur les plages de sable, les chaloupes de pêche à l'océan n'étaient pas équipées pour encaisser les vagues par mauvais temps. D'autres naufrages, dont ceux du Pélican en 1883, l'Albatros en 1891, et le Héron en 1902 marquent l'histoire maritime du Bassin d'Arcachon et du golfe de Gascogne.

Les pêcheurs locaux n'étaient pas seuls à affronter l'entrée du Bassin ; il y avait aussi des caboteurs et autres petits cargos. Ils entraient dans la lagune pour y déposer des pierres et autres matières premières importées, avant de repartir avec des poteaux de mines, des tonneaux de résine et divers produits locaux. Les caboteurs bretons et espagnols apportaient fer et charbon pour les forges puis repartaient chargés de goudron, de brai, de miel, de laine et de vin. Les produits issus de la jeune forêt de pins et du gemmage étaient de plus en plus sollicités, et la résine partait en Saintonge, en Bretagne et parfois à Bilbao, Londres ou Anvers. Les huîtres, elles, étaient envoyées principalement vers Bayonne et Bordeaux.

* ***La croix des marins** : installée en 1868, puis détruite pendant la Seconde Guerre mondiale, elle a été retrouvée par un promeneur. Remplacée par une nouvelle, offerte par la compagnie pétrolière, l'ancienne croix fut placée devant l'église Notre Dame des flots, et constitue aujourd'hui une des plus vieilles « reliques » du Cap Ferret.*

De la gauche vers la droite en partant du haut : *Sternes caugeks et poussins sur nid. Colonie de sternes. Huîtrier pie avec poussins.*
Carte de la Réserve naturelle du Banc d'Arguin.
Les quatre documents : SEPANSO - RNN Banc d'Arguin

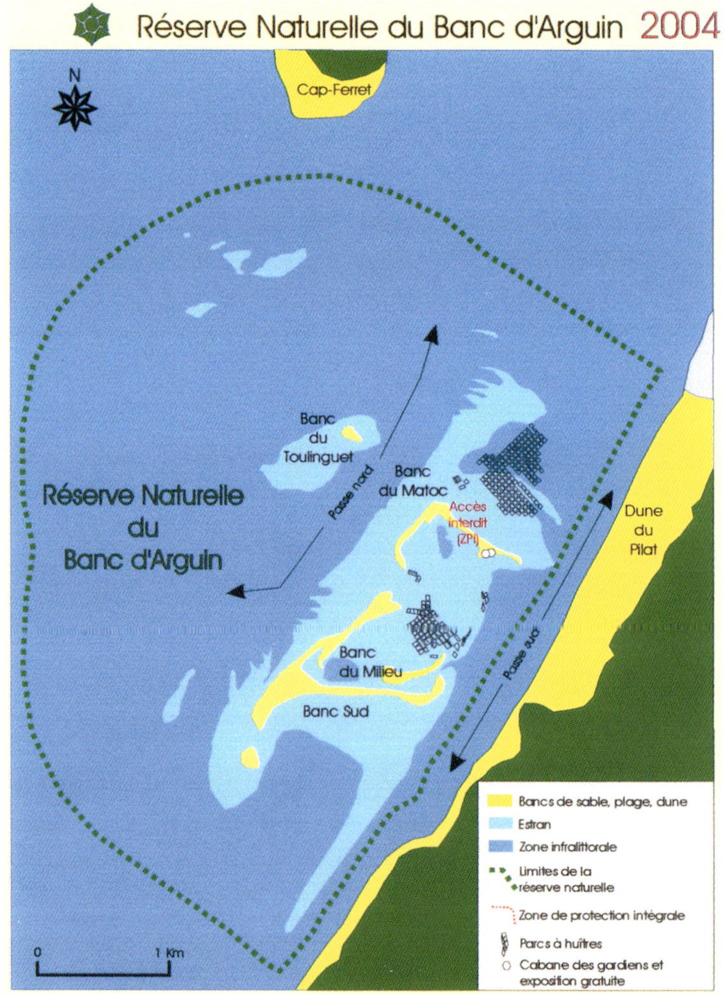

Le Banc d'Arguin, une réserve naturelle

Comme nous l'avons vu, les sédiments se déposent en bancs de sable au milieu des passes ; ils sont plus visibles à marée basse. Chaque banc de sable est nommé lors de sa formation et l'ensemble constitue le « Banc d'Arguin ». Le Banc d'Arguin est une réserve naturelle depuis 1972 – la première en Aquitaine –, gérée par la SEPANSO, fédération des Sociétés pour l'Etude, la Protection et l'Aménagement de la Nature dans le Sud-Ouest. En 2004, la réserve regroupait les bancs du « Toulinguet », du « Matoc », du « Milieu » et du « Sud ».

Une partie de l'estran est occupée par les ostréiculteurs, et plusieurs bancs sont accessibles par les estivants. Seule une partie du Banc d'Arguin est en protection intégrale, permettant à la faune et la flore d'y évoluer en toute tranquillité. Plusieurs îlots, émergés en permanence, sont colonisés naturellement par une végétation dunaire, et constituent un lieu privilégié, sans prédateur, pour la nidification des oiseaux.

En 1966, une colonie de Sternes caugeks, oiseaux blancs au bec et au front noir, s'est installée au Banc d'Arguin pour nicher. L'avenir de ces bancs de sable va en être totalement modifié ; jusqu'alors fréquentés par les plaisanciers, ces îlots vont devenir un site protégé, sous le statut de réserve naturelle. La sterne est un oiseau pêcheur très efficace, au corps effilé ; elle vole le long du littoral à quelques mètres de hauteur, se laisse tomber dans l'eau comme un caillou et plonge pour attraper ses proies. Elle se régale de petits poissons comme les équilles, les lançons ou les athérines.

Les sternes nichent à même le sol, rapprochées les unes des autres dans une petite excavation sur le sable, sur la partie la plus haute du banc. En 1974, 1 800 couples y nichaient, et, en 2004, on dénombrait 4 288 nids. Chaque année, lors de la migration printanière, une des plus grandes colonies d'Europe vient se reproduire sur la réserve naturelle. Le banc du Matoc, où elle s'installe régulièrement, a bientôt fini son cycle, se rapprochant de la « grande dune », et va bientôt disparaître. La colonie de sternes voit la surface disponible pour sa nidification se réduire chaque année. Que deviendra-t-elle ? Y aura-t-il d'autres nids ? L'avenir nous le dira !

Les Huîtriers pies, limicoles imposants, au long bec rouge aplati et au plumage noir et blanc, sont en partie sédentaires. Ils nichent en couples isolés – autour de la colonie de sternes, un peu partout sur la réserve – dans des cuvettes creusées dans le sable. Des passereaux, comme la Bergeronnette grise et le Cochevis huppé, vont aussi se reproduire, mais de façon plus discrète, dissimulés dans les touffes de végétation.

Tout un ensemble de différentes espèces d'oiseaux migrateurs vient se rajouter à cette population printanière et estivale. Pratiquement toute l'avifaune de l'Europe septentrionale va passer sur nos latitudes, au cours des deux migrations annuelles. Certains oiseaux resteront tout l'hiver, d'autres ne seront que de passage ; il est tout à fait possible d'observer, au-dessus du Banc d'Arguin, un Héron pourpré, un Faucon pèlerin ou encore un Hibou des marais, de passage en migration.

A parté ! L'avifaune maritime

Après les tempêtes en pleine mer, certains oiseaux marins, dits pélagiques, se retrouvent sur le littoral, égarés et épuisés ; c'est pourquoi on peut observer, autour du Banc d'Arguin, des espèces un peu moins connues mais tout aussi intéressantes. Ces oiseaux, que les marins connaissent bien, se retrouvent sur toutes les mers du globe ; ils sont les premiers touchés lors des pollutions aux hydrocarbures, de plus en plus régulières depuis la fin du siècle dernier. Dans le cas ou l'un d'eux se retrouve sur nos plages, à bout de force, il faut le prendre, en faisant attention à ses coups de bec, et le mettre dans un carton couvert ou fermé. Cela, afin d'empêcher l'oiseau de voir autour de lui, ce qui pourrait le stresser davantage ; puis contacter la mairie ou les pompiers qui vous signaleront le centre de soin adapté le plus proche.

Voici une liste non exhaustive d'oiseaux que l'on peut rencontrer sur le littoral :
Labbe parasite (Stercorarius parasiticus), Fulmar boréal (Fulmarus glacialis), Puffin cendré (Calonectris diomedea), Puffin des Anglais (Puffinus puffinus), Océanite tempête (Hydrobates pelagicus), Pétrel de Bulver (Bulweria bulwerii), Fou de Bassan (Morus bassanus), Macareux moine (Fratercula arctica), Guillemot de Troïl (Uria aalge), Pingouin torda (Alca torda).

D'autres oiseaux essentiellement maritimes, dont les niches écologiques se trouvent proches du littoral, nous semblent plus familiers par leur proximité : *Mouette rieuse (Larus ridibundus), Mouette mélanocéphale (L. melanocephalus), Mouette pygmée (L. minutus), Mouette tridactyle (Rissa tridactyla).*
Goéland cendré (Larus canus), Goéland argenté (L. argentatus), Goéland leucophée (L. cachinnans), Goéland brun (L. fuscus), Goéland marin (L. marinus).
Sterne caugek (Sterna sandvicensis), Sterne naine (S. albifrons), Sterne pierregarin (S. hirundo), Sterne arctique (S. paradisaea).
Plongeon imbrin (Gavia immer), Plongeon catmarin (G. stellata), Plongeon arctique (G. arctica). Grèbe huppé (Podiceps cristatus), Grèbe à cou noir (P. nigricollis), Grèbe castagneux (Tachybaptus ruficollis), Harle huppé (Mergus serrator).

Quelques oiseaux présents également sur le Bassin d'Arcachon :
Spatule blanche (Platalea leucorodia), Cigogne blanche (Ciconia ciconia), Héron cendré (Ardea cinerea), Aigrette garzette (Egretta garzetta), Cygne tuberculé (Cygnus olor), Oie cendrée (A. anser), Tadorne de Belon (Tadorna tadorna), Eider à duvet (Somateria mollissima), Macreuse noire (Melanitta nigra), Garrot à œil d'or (Bucephala clangula), Fuligule milouin (Aythya ferina), Fuligule, morillon (A. fuligula).

De nombreux autres canards plongeurs ou de surfaces sont de passage sur le fond du Bassin d'Arcachon. Ils sont facilement observables dans la Réserve naturelle des prés salés d'Arès/Lège, dans la conche de Saint-Brice au nord d'Andernos, dans les zones endiguées du domaine de Certes à Audenge, dans le delta de la Leyre, et plus à l'intérieur des terres au niveau des étangs et des lacs aquitains.

Cygnes tuberculés. Nicheurs autour du Bassin d'Arcachon ; d'importants effectifs sont présents en hivernage. Photo Ph. Nadé.

La dune du Pilat

Quel plaisir de pouvoir contempler au quotidien cette majestueuse dune de sable, et encore plus de conter ses spécificités géologiques et ses qualités esthétiques hors du commun. Il est certes relativement facile de croiser des dunes aussi impressionnantes au cœur du désert du Sahara, mais il est tout à fait remarquable de voir évoluer une telle dune, entre une forêt millénaire et un des océans les plus dangereux de la planète.

Elle domine l'entrée du Bassin d'Arcachon, devant un horizon bleu infini, et permet, depuis son sommet, une incroyable lecture de paysage. Véritable « montagne » de sable entre deux immensités colorées, le bleu de l'océan Atlantique et le vert de la forêt usagère de la Teste, on découvre à sa base des bancs de couleur jaune en forme de petits îlots paradisiaques ; ils donnent un sentiment d'exotisme, tels des terres lointaines comme l'Océanie ou les Caraïbes. C'est ici que le sable finit son parcours, après un long cheminement depuis les montagnes, entre rivière, estuaire, plage et banc de sable.

La dune du Pilat conclut la dynamique des forces, qui pousse les sédiments vers sa base, avant de les « avaler » dans ses soixante millions de mètres cubes. Avec la pointe du Cap Ferret et le Banc d'Arguin, elle est dite « géologie active », comme dans certains déserts, où le substrat et la géographie bougent au jour le jour. Cette dynamique complexe et fragile suscite l'attention de tous.

La dune du Pilat permet de reconstituer 3 000 ans d'histoire, selon quatre périodes bien distinctes, marquées par quatre paléosols* principaux :
Au post glacière, il y eut d'abord une **forêt de Pins sylvestres**, où noisetiers, bouleaux, aulnes et saules, caractéristiques d'un climat froid et continental, proposaient abri et nourriture pour la faune locale.
Au boréal atlantique et sous-boréal, une **petite dune naturelle,** de trois à quatre mètres de haut, retenait des marais et un étang ; tout au long de la transgression Flandrienne, les sables reprirent leurs droits et les marais disparurent sous les **dunes paraboliques** de vingt à quarante mètres de haut, pendant que la Forêt usagère de la Teste se développait sous un climat plus humide.
Aux XVIIe et XVIIIe siècles, on assiste à l'une des étapes les plus impressionnantes, avec l'arrivée massive de sable sur le littoral, où les dunes modernes ont complètement enseveli – sous cinquante à soixante mètres de sable – les anciennes dunes paraboliques, pour devenir la grande « **dune de la Grave** »**.
Le sable continua d'arriver et de converger vers la dune de la Grave, laquelle finit par disparaître à son tour en laissant une nouvelle dune plus à l'Est ; nommée dune du Pilat, elle dépasse les 110 mètres de haut au début du siècle dernier.

** **Paléosol** : ancien sol, enseveli sous des sédiments.*
*** **Dune de la Grave** : appelée ainsi jusqu'au début du XIXe siècle, elle fut ensuite renommée dune du Pilat (**truc du Pilat**), en rapport au **banc de la Pile**, un énorme banc de sable, qui, après avoir traversé les passes du Bassin d'Arcachon, lui permit d'augmenter son volume et sa taille.*
***Truc** signifie en gascon un monticule de sable naturel, ce qui explique le nom du « **Truc vert** » au nord du Cap Ferret, où de nombreuses dunes boisées protègent les villages de la presqu'île, tout le long de l'ancienne route forestière.*

Cette dune transversale culmine aujourd'hui entre 104 mètres au sud et 90 mètres plus au nord, et s'étale sur deux kilomètres et demi de long, pour cinq cents mètres de large. Le tout est en perpétuel mouvement, selon les aléas des vents qui travaillent et façonnent ses formes en permanence. Le sable, non fixé et vierge de plantation d'oyat, progresse d'un à cinq mètres par an vers le continent, sous la poussée des vents dominants. La dune du Pilat libère ainsi des vestiges et des témoignages du passé, ensablés depuis des centaines, voire des milliers d'années.

Au niveau du premier paléosol, avec le recul de la dune, des blocs de lignite* apparaissent sur la plage, à l'endroit où la nappe phréatique ferrugineuse coule à la rencontre de l'océan.

Vers le second paléosol – au niveau d'un paléosol intermédiaire, entre dix et quinze mètres plus haut – des traînées tourbeuses grises témoignent de la présence des marécages.

Des fragments de poteries – datant des « Salines du Pilat »** à l'Age de Fer – présents entre douze et quinze mètres de haut, apparurent sur le côté ouest de la dune.

Sur le dernier paléosol, une cinquantaine de mètres plus loin, et plus haut que les anciennes salines, des Pins maritimes furent plantés sur les dunes modernes. Ensablés au XVIIIe siècle, ces arbres se découvrent un peu plus chaque année, tout en restant droits ; certains possèdent encore des pots de résine accrochés à leur care***.

La dune du Pilat est un formidable site archéologique, qui nous laisse régulièrement les témoignages d'un passé culturel authentique où l'on découvre un substrat de sable riche de vie et d'histoire.

* ***Lignite*** *: énergie fossile, arbres fossilisés. Sur les plages de la dune du Pilat, ce sont des Pins sylvestres qui ont presque dix mille ans.*
** ***Salines du Pilat*** *: les Gaulois faisaient des auges en argile, posées sur des rondins de bois au-dessus d'un feu. Ils les remplissaient d'eau de mer pour récupérer, par évaporation, le sel nécessaire à la conservation des aliments.*
*** ***Care*** *: piquage fait sur les pins durant la saison de gemmage, afin de faire couler leur résine et la récupérer dans un pot en terre cuite.*

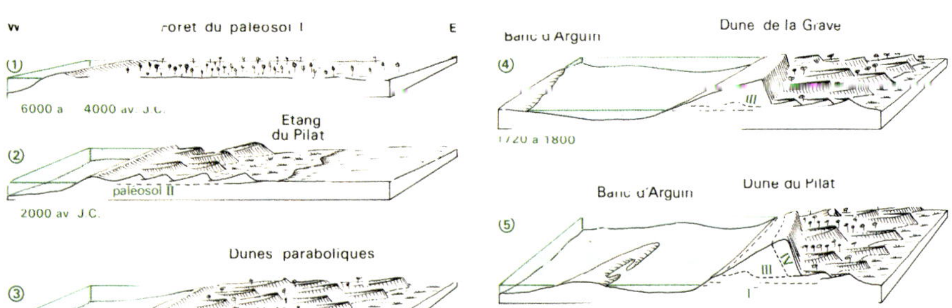

Évolution des paysages de – 6000 avant J.C. à nos jours.
D'après Froidefond. 1982

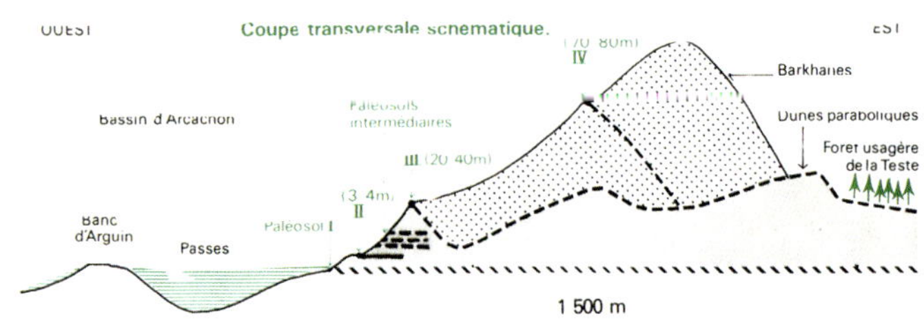

D'après J.M. Froidefond.

Photo F. Carnoy

Érosion et trait de côte.

Dans ce cycle géologique, où la Pointe évolue en gagnant et perdant sur l'océan, le Cap Ferret voit son « jardin » s'agrandir ou disparaître, au rythme de l'érosion naturelle. Le site de l'ancien restaurant d'Hortense, dans les « 44 Hectares », en est un parfait exemple. Toute une frange du littoral est tombée à la mer avec des maisons qui se retrouvent aujourd'hui enfouies au fond du chenal, à vingt mètres de profondeur. C'est la raison pour laquelle la pointe est sujette à polémique, car chaque année elle évolue et se modifie. Depuis 1977, la pointe du Cap Ferret recule de un à dix-huit mètres par an, surtout après les grandes marées d'équinoxe, aux mois de septembre et de juin.

En parallèle, le trait de côte a, lui aussi, tendance à reculer face à l'érosion marine importante et régulière. Ainsi, en Aquitaine, la côte recule d'un à cinq mètres par an, de même que la dune du Pilat. Il suffit, pour s'en rendre compte, d'observer les blockhaus du « Mur de l'Atlantique », qui avaient été positionnés en haut des dunes, à deux cents mètres de la mer ; ils n'ont jamais vraiment bougé et se retrouvent maintenant les pieds dans l'eau. On revient vers un schéma se rapprochant de la période gallo-romaine, où le climat était plus chaud et la mer montait à un mètre et demi au-dessus du niveau actuel.

Après la Seconde Guerre mondiale, une reprise intensive de l'érosion éolienne, en l'absence de dunes fixées, accéléra l'avancée des sables sur la façade atlantique. Quand on sait qu'un vent de quarante-cinq kilomètres heure déplace trois cent grammes de sable par mètre cube, on peut tout à fait imaginer les quantités de grains fouettant l'air, quand il souffle à cent quatre-vingt-huit kilomètres heure*. En 1953, après trois jours de tempête, « la Maison de la mutuelle des enfants du spectacle », à côté de l'actuel rond point du sémaphore, fut en grande partie ensablée. Aujourd'hui, ce bâtiment est complètement enseveli sous les dunes.

On constate à présent que c'est l'érosion marine qui pose des problèmes. En effet, suite à l'effondrement du « quai des courlis » – le 27 décembre 2000, en pleine nuit –, toute une plage a disparu, avalée par les eaux, lors d'un glissement de terrain.

Quand, après la tempête, le soleil revenu se réfléchit sur ces longues plages de sable fin, on oublie vite la dynamique de ces lieux et la puissance des éléments qui les régissent. Comme sur une île déserte protégée par d'interminables dunes sauvages, le temps s'arrête alors.

** Enregistré au sémaphore du Cap Ferret pendant la tempête de décembre 1999.*

Photo F. Carnoy

La plage du Mimbeau et les « 44 hectares »

Un « second » Bassin d'Arcachon

Les oiseaux et la migration

Les plantes et le climat local

Les prés salés : un habitat aux multiples richesses

Les vasières : une biomasse importante

La plage, la « laisse de mer » et la faune sous-marine

Une biodiversité sous-marine remarquable

Un « second » Bassin d'Arcachon

La conche du Mimbeau, entre les « 44 Hectares » et le quartier des pêcheurs, offre une balade riche en surprises et en émotions. Elle permet de pouvoir apprécier les principaux témoins du patrimoine culturel du Bassin d'Arcachon. On y découvre un village ostréicole avec le phare en toile de fond et une partie des 44 hectares. De l'autre coté du Bassin, on aperçoit Arcachon, les Abatilles – du même nom que la source –, le Moulleau et la dune du Pilat. Comment ne pas comprendre toute la beauté de la presqu'île, en ce lieu si magique où le jeu des lumières et des marées dessine des paysages aux ambiances toujours changeantes ?

Appelée dans un premier temps « *escourre* de la Douane » ou « *escourre* du Jonc », cette conche s'est petit à petit transformée en une adorable petite lagune. Depuis la fin de la Seconde Guerre mondiale, la pointe sableuse du Mimbeau s'est allongée en progressant vers le nord. Cette langue de sable remonte – en parallèle au quartier des pêcheurs – depuis les 44 Hectares jusqu'au centre du Cap Ferret.
Elle est appelée plage du Mimbeau, en mémoire d'un pêcheur testerin noyé dans les passes, et retrouvé sur un banc de sable au large de l'ancien restaurant d'Hortense*. Quelques années après, ce banc de sable, poussé par les courants, s'est rattaché au continent, contribuant à allonger une petite presqu'île déjà existante. Cette nouvelle plage, qui tend à s'allonger chaque année, forme à présent une barrière de sable devant l'ancienne *escourre* ; elle protège les villas des courants côtiers qui rongent la façade Est du Cap Ferret. Sans cette presqu'île, les terrains placés en bordure de mer recevraient directement le courant du jusant (descendant), arrivant du fond du Bassin, ainsi que la houle sud/ouest au montant. En l'absence de barrière naturelle, certains propriétaires des 44 hectares ont aménagé une longue digue de pierres, afin de se protéger ; notamment Monsieur Benoît Bartherotte, à l'extrême pointe du Cap Ferret, qui a construit une digue de 450 mètres de long sur 30 mètres de haut.
Une parcelle de quarante quatre hectares, sur la partie Est de la pointe du Cap Ferret, reste depuis le début du siècle un endroit privilégié. Un tracé de pistes sableuses, au milieu de multiples petites villas, sillonne toute cette partie. On y découvre les accès à de nombreux jardins sous les pins ; cette originalité confère au lieu une authenticité et un charisme particuliers.

L'évolution de cette lagune lui donne – vue d'avion – la forme et les caractéristiques du Bassin d'Arcachon : une étendue d'eau, protégée par une presqu'île de sable, qui se remplit et se vide à chaque marée par un étroit goulet. Ce petit coin de paradis est à l'image d'un Cap Ferret sauvage et mouvant où l'on retrouve, dans une proximité unique, les principaux écosystèmes du Bassin, avec des jardins boisés, des prés salés et des vasières, des dunes et des plages, des parcs à huîtres et des chenaux. Ici, le conteur d'histoires passionné se sent inspiré ; le novice, lui, est envoûté.

** **Hortense** : c'est le nom d'un restaurant célèbre des 44 hectares à la pointe du Cap Ferret, qui est tombé à la mer vers 1930. Il gît à plus de vingt mètres de profondeur, ensablé à coté d'un blockhaus, cent mètres devant le nouveau restaurant. Ce site incontournable continue de subir les aléas et les menaces de l'érosion marine.*

Photos B. Lafosse

Spatules blanches, Héron cendré et Aigrettes garzettes au domaine de Certes. Photo Ph. Nadé.

Les oiseaux et la migration : un pôle international

Les terrains boisés des 44 hectares sont plongés dans une sérénité tempérée ; les jardins et la pinède y abritent de nombreux arbousiers, robiniers et mimosas, pour le plus grand bonheur des passereaux. On y comprend tout de suite l'appellation des rues ferret-capiennes, en l'honneur de ses plus nombreux visiteurs, les oiseaux. Dès le printemps, ce quartier rayonne sous le chant de ces discrets petits musiciens à plumes. Toutes les grandes familles de passereaux sont ici réunies, sous le regard de l'élégante Huppe fascié et du Pic vert, de passage dans les jardins.

Pour survivre et élever leur progéniture, les oiseaux migrent instinctivement en quête de meilleures conditions. Ils fuient le grand froid ou les grosses chaleurs vers des latitudes plus modérées. Pour voyager de la sorte, ils se repèrent en plein jour selon le soleil et le relief, en suivant les montagnes ou les côtes découpées du littoral européen. Nombre d'entre eux voyagent dans l'obscurité en se servant des étoiles ; on pense qu'ils seraient munis d'une boussole interne sensible au magnétisme terrestre. Après avoir traversé l'estuaire de la Gironde et survolé la « Pointe de Grave », les oiseaux du nord de l'Europe volent en direction du détroit de Gibraltar et de l'Afrique. Ils longent la presqu'île vers le sud, et arrivent à l'extrême pointe du Cap Ferret où ils traversent l'entrée du Bassin d'Arcachon, avant de continuer vers les Pyrénées.

Pour réussir cette épreuve annuelle, il leur faudra traverser les Pyrénées, la Méditerranée et le désert du Sahara. Certains s'arrêteront avant, car leur voyage se termine en Espagne, au Maroc ou d'autres destinations méditerranéennes ; c'est là qu'ils trouveront les conditions optimales pour hiverner.

Bien des espèces animales arrivent ici pour retrouver de meilleures conditions de vie. Chaque automne, la majestueuse Spatule blanche arrive, depuis l'Europe du Nord, pour hiverner vers le fond du Bassin ; on peut l'observer, entre autres, dans les zones endiguées du domaine de Certes. Elle se nourrit en fouillant les eaux avec son long bec – large et aplati sur l'extrémité – qu'elle balance latéralement, en le laissant ouvert. Elle se déplace ainsi sur ses longues « échasses », et dès qu'elle sent une proie, elle referme aussitôt son bec. Ce réflexe est l'un des plus rapides du monde animal.

Par ailleurs, une population assez nombreuse de Cigognes blanches, en provenance du Portugal, niche régulièrement au parc ornithologique du Teich, et vient, aux cotés des Grandes aigrettes et des spatules, embellir le fond du Bassin.

Les rapaces* sont nombreux à croiser par ici ; ils profitent des courants chauds pour traverser les Pyrénées, accompagnant leurs proies lors de la migration. Le plus facile à observer est le Milan noir, un charognard sombre à la queue en forme de « V », qu'il manipule, tel un gouvernail, jusqu'à 90°. Après un long voyage depuis le Moyen-Orient et l'Afrique équatoriale, il est l'un des premiers arrivés et sillonne le bord des routes, les prairies et les fossés à la recherche de sa nourriture.

La Buse variable, présente toute l'année, voit, depuis son perchoir, ses congénères lui voler au-dessus, tandis qu'elle reste vigilante sur son affût, prête à fondre sur une proie. De nombreux faucons et busards survolent la presqu'île, tandis que le Balbuzard pêcheur guette ses victimes au-dessus des étangs. Le grand Circaète Jean le blanc, rapace chasseur de serpents, est plus difficile à observer car il plane à des hauteurs parfois assez élevées. Quand les grues et les oies arrivent à leur tour, en direction du sud – bien après les rapaces –, l'hiver se profile, et les chants vont s'estomper en attendant le prochain printemps.

Certains papillons, dont le Vulcain (page 87) ou la Belle dame, ainsi que de nombreuses libellules (pages 97, 98), prolongent leur existence à la fin de l'été, cherchant davantage de soleil vers le sud. Au printemps, les tortues marines suivent, jusqu'au niveau de nos côtes, les méduses qui se laissent porter entre deux eaux par le Gulf Stream.

En plein hiver, ce sont les civelles** qui viennent nous rendre visite ; elles ont besoin de l'eau douce des rivières européennes pour vivre leur phase d'adulte. Elles se regroupent devant les estuaires, avant de remonter les cours d'eau pour terminer leur croissance. Elles sont alors pêchées avec des filets à fines mailles le long du canal des Etangs et de l'estuaire de la Gironde.

D'autres poissons, comme les rougets, passent chaque année pour se reproduire dans le Bassin d'Arcachon ; la progéniture de ce dernier, le fameux « vendangeur », quitte la lagune fin septembre, dès les premiers refroidissements des eaux du Bassin.

Tous ces flux d'animaux en « transhumance » sous nos latitudes – poissons, insectes et oiseaux – savent parfaitement où trouver de meilleures conditions de vie, soit pour se reproduire et élever leurs petits, soit tout simplement pour survivre.

* ***Voici une liste des différents rapaces que l'on peut observer sur la presqu'île, en migration ou présents toute l'année*** :
Faucon hobereau (Falco subbuteo), Faucon émerillon (Falco columbarius), Faucon crécerelle (Falco tinnunculus), Faucon pèlerin (Falco peregrinus), Busard cendré (Circus pygargus), Busard Saint Martin (Circus cyaneus), Bondrée apivore (Pernis apivorus), Milan noir (Milvus migrans), Milan royal (Milvus milvus), Balbuzard pêcheur (Pandion haliaetus), Circaète Jean le blanc (Circaetus Gallicus), Autour des palombes (Accipiter gentilis), Hibou des marais (Asio flammeus), Hibou moyen-duc (Asio otus).
Les sédentaires : Buse variable (Buteo buteo), Epervier d'Europe (Accipiter nisus), Chouette hulotte (Strix aluco), Chouette chevêche (Athene noctua), Effraie des clochers ou Dame blanche (Tyto alba).
** ***Civelles*** *ou « pibales » : ce sont de jeunes anguilles qui nous arrivent de la mer des Sargasses dans les Caraïbes, où les anguilles adultes se reproduisent avant de mourir.*

Vol de Bécasseaux. Photo Ph. Nadé.

Quand l'élégance se mêle avec les beautés originelles, on ne peut que s'émerveiller devant la splendeur de la vie.

Aigrette garzette en chasse

Poussins de Cygne tuberculé derrière la mère. Photos Ph. Nadé.

Aparté ! Les passereaux de nos jardins

De nombreux passereaux en migration vont venir séjourner dans nos jardins ; ils s'y ressourcent avant de continuer leur long périple migratoire. D'autres viennent chanter à la recherche du partenaire, pour nicher discrètement et élever leurs petits. Ils sont peu nombreux à être sédentaires, même si certains, fatigués ou en fin de vie, vont rester définitivement sur la presqu'île. On peut entendre ou surprendre dans les « 44 Hectares », à différents moments de l'année, plusieurs espèces dont voici une liste approximative.

***Turdidés** : Grive musicienne (Turdus philomelus), Grive mauvis (Turdus iliacus), Grive litorne (Turdus pilaris), Grive draine (Turdus viscicorus), Merle noir (Turdus merula), Traquet motteux (Oenanthe oenanthe), Rouge-gorge familier (Erithacus rubecula). Rouge queue noir (Phoenicurus ochruros), Rouge queue à front blanc (Phoenicurus phoenicurus).*
***Sylviidés** : Pouillot véloce (Phylloscopus collybita), Pouillot fitis (Phylloscopus trochilus), Pouillot de Bonelli (Phylloscopus bonelli), Fauvette des jardins (Sylvia borin), Fauvette pitchou (Sylvia undata), Fauvette grisette (Sylvia communis), Fauvette à tête noire (Sylvia atricapilla). Roitelet huppé (Regulus regulus), Roitelet à triple bandeau (Regulus ignicapillus).*
***Fringillidés** : Pinsons des arbres (Fringilla coelebs), Linotte mélodieuse (Carduelis cannabina), Chardonneret élégant (Carduelis carduelis), Verdier d'Europe (Carduelis chloris), Tarin des aulnes (Carduelis spinus), Serin cini (Serinus serinus), Bouvreuil pivoine (Pyrrhula pyrrhula).*
***Paridés** : Mésange charbonnière (Parus major), Mésange bleue (Parus caeruleus), Mésange à longue queue (Aegithalos caudatus), Mésange noire (Parus ater), Mésange huppée (Parus cristatus).*
***Motacillidés** : Pipit farlouse (Anthus pratensis), Pipit des arbres (Anthus trivialis), Pipit maritime (Anthus maritima), Bergeronnette grise (Motacilla alba), Bergeronnette printanière (Motacilla flava).*
***Alaudidés** : Alouette des champs (Alauda arvensis), Alouette lulu (Lulula arborea), Cochevis huppé (Galerida cristata).*
***Hirundinidés** : Hirondelle de fenêtre (Delichon urbica), Hirondelle rustique (Hirunda rustica), Hirondelle de rivage (Riparia riparia).*
***Troglodytidés** : Troglodyte mignon (Troglodytes troglodytes).*
***Picidés** : Pic vert (Picus viridis), Pic épeiche (Dendrocopos major), Pic épeichette (Dendrocopos minor), Torcol fourmilier (Jynx torquilla).*
***Embérizidés** : Bruant des roseaux (Emberiza schoeniclus), Bruant ortolan (Emberiza hortulana).*
***Passéridés** : Moineau domestique (Passer domesticus), Moineau friquet (Passer montanus).*
***Certhiidés** : Grimpereaux des jardins (Certhia brachydactyla).*
***Sittidés** : Sitelle torchepot (Sitta europaea).*
***Prunellidés** : Accenteur mouchet (Prunella modularis).*
***Muscicapidés** : Gobemouche gris (Muscicapa striata).*

Ces oiseaux ont un bec adapté à leur régime alimentaire, quelle que soit leur niche écologique. Ceux qui possèdent un gros bec court et puissant vont rechercher des graines, des fruits et des bourgeons, tandis que les becs longs et fins sont plus aptes à attraper des insectes. Des oiseaux qui ne migrent pas, comme certaines mésanges, changent d'alimentation en hiver grâce à un jabot puissant et adapté.

Le Martin-pêcheur d'Europe (à droite) n'est pas du tout considéré comme un passereau. De la famille des Alcédinidés, il possède une grosse tête avec un long bec puissant adapté pour attraper, en plongeant, de petits poissons. Il aime les berges sablonneuses où il creuse un tunel pour y protéger son nid. Assez farouche, on peut l'observer dans les réservoirs de Piraillan. Bergeronnette printanière (ci-dessous). Photos Ph. Nadé.

De la gauche vers la droite en partant du haut : arbousier en fleurs - Lavatère arborescente - Tamaris - Mimosa originaire de Tasmanie.

Les plantes et le climat local

Le couloir formé par l'entrée du Bassin d'Arcachon, face aux perturbations atlantiques, aspire vers le fond de la lagune les courants d'air marins chargés d'humidité et les nuages de basse altitude. La presqu'île de Lège-Cap Ferret bénéficie, de ce fait, d'un taux d'ensoleillement privilégié. Cette dynamique est facilement observable depuis le sommet du phare ; on y voit les rentrées maritimes se regrouper au niveau du goulet, pour entrer par les passes vers l'intérieur du Bassin, laissant le Cap Ferret sous le soleil. L'Escalumade*, une brume salée qui se répand assez rapidement depuis les passes vers la lagune, témoigne de ce phénomène.

La présence de nombreuses plantes exotiques, pour la plupart échappées des jardins, confirme cette douceur de vivre qui fait que l'on revient toujours au Cap Ferret. Le yucca, la vergerette, le phytolacca et l'ailante se sont parfaitement acclimatés à la presqu'île. Ils sont tous là pour les mêmes raisons que nous, une vie sous les couleurs du soleil.
Si certaines plantes exotiques s'adaptent aux conditions climatiques, d'autres, plus envahissantes, menacent la faune et la flore indigènes. Il suffit d'observer l'évolution du Baccharis à feuilles d'arroche ou faux Cotonnier pour le comprendre ; il prend la place du tamaris et tend à uniformiser le milieu en réduisant la biodiversité. Le climat local fait le bonheur du mimosa qui ne supporte pas le gel ; originaire de Tasmanie, il nous arrive d'Algérie par « Sieur Lesca » qui acheta, en 1860, une grande partie de la Presqu'île.

Grâce à la présence du Gulf Stream, qui réchauffe nos latitudes, et aux embruns salés de l'océan Atlantique, il est rare que les températures blessent la flore locale. L'arbousier – essence méditerranéenne à la cuticule** épaisse et aux feuilles résistantes – ainsi que le Chêne vert et le Chêne liège demandent des hivers plus doux et ensoleillés.
La présence de ces essences confirme un ensoleillement assez régulier, autour de 2 130 heures par an, contre 1 991 à Bordeaux.

L'arbousier, de la même famille que les bruyères, est remarquable, tant par son port gracieux (jusqu'à sept mètres de haut), que par ses spécificités. C'est un feuillu persistant qui garde ses feuilles toute l'année. De son nom latin « *Arbutus unedo* », ses fruits mûrissent un an après ses fleurs, d'où la présence des deux sur les branches, en septembre ; de petites clochettes blanches suspendues en grappes, comme des fleurs de muguet, cohabitent à côté de sphères rouges orangées légèrement granuleuses. Les baies sont comestibles, mais par leur composition farineuse elles ne sont pas toujours appréciées.
Ces dernières, les arbouses, sont riches en vitamine C, ce qui apporte une nourriture supplémentaire pour la faune indigène, surtout avant l'hiver. L'homme en confectionne des gelées, et une eau de vie ; mais attention, ces fruits possèdent des granulations d'oxalate de calcium impropres à la consommation en trop grande quantité.

* ***L'Escalumade*** *: les vagues du montant tapent sur les bancs de sable dans les passes, chargeant l'humidité ambiante d'embruns salés ; et tel un gigantesque nuage poussé par les vents, la brume est avalée par le courant d'air de la lagune, empêchant parfois toute visibilité pour la navigation.*
** ***Cuticule*** *: fine couche cirée sur la partie supérieure de certaines plantes limitant l'évaporation au soleil.*

Telle une brume happée par l'entrée du Bassin d'Arcachon, l'escalumade glisse sur les flots, hissant la dune du Pilat sur un nuage entre ciel et mer.

En partant du haut, de la gauche vers la droite : Salsifis des prés - Ciste à feuilles de sauge - Tamaris - Fleur de datura - Fruit de l'arbousier - Pourpier des plages - Mimosa - Coquelicot - Phytolacca americana - Soude brûlée - Phragmite - Fruit du datura - Fleur de lavatère - Linaire à feuilles de thym - Bruyère Callune - Lagure ovale.

Un panel de couleurs à l'image de la presqu'île

Les prés salés : un habitat aux multiples richesses

On appelle pré salé cette végétation herbacée et épaisse formée au bord des estuaires et des lagunes le long du littoral, où la vase prend le dessus sur le sable. Associé aux vasières, cet écosystème est riche en plantes originales, adaptées au milieu salin. Ces plantes nous plongent dans un univers « amazonien ». Mais pour croître dans l'eau salée, elles ont réussi à développer des techniques de survie leur permettant de supporter les brûlures du sel. On retrouve ici un écosystème extrême propre aux zones littorales.

Quelques-unes se gorgent d'eau pour diminuer la concentration en sel dans leurs cellules, tout en limitant leur surface au soleil. Ces plantes dites « succulentes » ressemblent à certaines plantes grasses des déserts. D'autres filtrent directement le sel ou l'éliminent en l'évacuant par les feuilles, comme par exemple le tamaris qui a un goût salé. Certaines vont jusqu'à l'amputation ; elles sélectionnent une de leurs feuilles, qu'elles saturent en sel, pour la laisser ensuite mourir et tomber. Nombre de ces plantes font partie de la famille des épinards (*Chenopiodacées*) ; la Soude arbustive, la Soude maritime et l'Obione des ports ne sont pas comestibles, contrairement à la Bette maritime, l'ancêtre de l'actuelle betterave cultivée. La fameuse salicorne – le haricot de mer –, plus cueillie dans certaines régions voisines, est ici assez répandue. Le Fenouil commun, une grande plante au parfum d'anis, pousse abondamment autour de la lagune, derrière les prés salés, et pourrait très bien agrémenter une éventuelle « salade du Mimbeau ».

Le Statice commun – lavande de mer – et l'Aster maritime sont deux plantes exceptionnelles par leur beauté et leur originalité. La première, aux petites fleurs violettes, est assujettie à la cueillette ; elle paie le prix de sa longévité après ramassage, de même que l'Immortelle des dunes. L'Aster maritime fleurit plus tard en fin de saison, quand le « Mimbeau » se retrouve au calme, sous les vols saccadés des oiseaux migrateurs. Ces fleurs roses au cœur jaune constituent des bouquets naturels, regroupés en « îlots » plantés sur la vase, parfois décorées, au gré des marées, par différentes algues et plantes aquatiques.
Elles poussent toutes deux à coté de la salicorne, sur les vasières, et se retrouvent immergées deux fois par jour. Lorsque la marée recouvre légèrement les plantes en fleurs, cela donne, vu d'avion, des couleurs et des reflets bleus, violets et pourpres, sur les fonds vaseux du Bassin d'Arcachon.

ALCYON

Jonc piquant

Salicorne

Les beautés du monde n'appartiennent à personne.

Aster maritime

Fleur de Statice commun

« Qui cueille une fleur, dérange une étoile »

Théodore Monod

Fleur d'Aster maritime

Statice commun

A parté ! Les roselières et les « fauvettes aquatiques »

*Les **roselières** et la végétation arbustive autour des prés salés abritent une faune spécifique, dont les « fauvettes aquatiques » : petits oiseaux de la famille des Sylviidés, surtout présents dans les roselières du fond du Bassin d'Arcachon, où ces agiles petits insectivores évoluent en sautillant discrètement de roseau en roseau. Très sensibles au dérangement, il ne faut surtout pas les perturber à la belle saison, afin de préserver les nichées annuelles. Ils font partie des oiseaux que l'on entend chanter, sans pour autant les voir !*

Phragmite des joncs, Acrocephalus schoenobaenus (migrateur non nicheur), Phragmite aquatique, Acrocephalus paludicola (Sylviidés).
Cisticole des joncs, Cisticola juncidis (Sylviidés).
Locustelle tachetée, Locustella naevia (Sylviidés).
Bouscarle de cetti, Cettia cetti (Sylviidés).
Rousserolle effarvate, Acrocephalus scirpaceus, Rousserolle turdoïde, Acrocephalus arundinaceus (Sylviidés).

Autour du Mimbeau, les roselières sont inexistantes, en revanche il est tout à fait possible d'y entendre le chant d'un rossignol annonçant le printemps, ou celui d'une rousserolle, dissimulée dans un bosquet de tamaris. Ces oiseaux voient leur habitat et leurs zones de reproduction disparaître.

Hypolaïs polyglotte, Hippolais plyglotta (Sylviidés).
Rossignol Philomèle, Luscinia megarhynchos (Turdidés)
Gorgebleue à miroir, Luscinia svecica (Turdidés)

Pouillot véloce (Photo Ph. Nadé)

Rousserolle effarvate (Photo Ph. Nadé)

Gorgebleue à miroir, beaucoup plus discret que son « cousin » le Rouge-gorge familier.
Ce visiteur d'été, en provenance du Nord de l'Afrique, affectionne les zones humides sur la frange littorale. Photos Ph. Nadé.

Bécasseau variable. Photo Ph. Nadé

Les vasières : une biomasse importante

La vase est un habitat hostile où peu d'espèces vivent, mais en grand nombre ; c'est un sédiment, comme le sable et l'argile, dont les grains sont beaucoup plus fins et se collent entre eux, s'agglutinant avec l'eau pour former un sol quasi hermétique. La vie animale s'y concentre dans les dix premiers centimètres, là où l'oxygène est encore accessible.

Dessous, les bactéries évoluent en anaérobie (sans oxygène), et recrachent de l'ammoniac et de l'hydrogène sulfuré, donnant aux vases cette odeur caractéristique qu'on leur connaît. Les oiseaux ne sont pas dupes, ils savent que derrière cette odeur se trouve le festin tant attendu, et les nombreux limicoles – petits échassiers de rivage – viennent tout au long de l'année se nourrir à chaque marée basse.

Grâce à des pattes et à un bec adaptés pour fouiller dans la vase, les limicoles viennent au début du montant et à la fin du descendant chasser leurs proies. Telle une chasse aux trésors, ils cherchent activement, se régalant de nombreux mollusques, de vers de vase et de petits crustacés. On compte parmi ces limicoles de nombreux bécasseaux, tournepierres et gravelots, présents pratiquement toute l'année. Si à table c'est chacun pour soi, tout ce monde se retrouve, à marée haute, pour le repos ; les limicoles se regroupent les uns contre les autres – toutes espèces confondues – sur les plages calmes de la presqu'île. Ils profitent ainsi de leur nombre pour surveiller l'arrivée d'éventuels prédateurs, et protéger des dangers l'ensemble de la colonie. Parfois installés sur les « *pîgnots* » autour des parcs à huîtres, ou sur des chalands, ils sont faciles à observer avec une paire de jumelles. Ils se retrouvent aux côtés des Mouettes rieuses et des Goélands leucophées, pendant que le Grand cormoran fait sécher ses ailes, humides de sa dernière plongée.

Il est possible de surprendre des vols de Courlis cendrés*, mais il est plus difficile de voir, aux alentours du Cap, la superbe Echasse blanche ou l'Avocette élégante, de passage en migration. Ces dernières se posent plus facilement dans les zones endiguées et humides du fond du Bassin, à proximité du delta de la Leyre.

D'autres oiseaux marins, de plus gros gabarit, viennent élever leurs petits et « brouter » les Zostères naines qui poussent sur la vase. Cette petite plante aquatique, de courte taille et aplatie, constitue la principale nourriture de certaines espèces. C'est elle qui, à marée basse, sur ces estrans sablo-vaseux, donne aux vasières des teintes et des reflets verts, témoins de la présence de la chlorophylle.

** **Courlis cendré** : le plus grand limicole d'Europe au long bec recourbé vers le sol.*

A parté ! Les limicoles

Photos Ph. Nadé

En haut : vol de limicoles
En bas : bécasseaux en reposoir

*Les **limicoles,** adaptés à un mode de vie sur les bords de mer, sont souvent munis de cellules sensorielles très sensibles au bout de leurs longs becs, afin d'attraper leur proie sous les sédiments. Très reconnaissables par leurs vols groupés, souvent rapides et saccadés au-dessus des vasières, ils embellissent par leur présence tout le littoral.*

Voici quelques espèces observées :

Bécasseau variable (Calidris alpina), Bécasseau violet (C. maritima), Bécasseau maubèche (C. canutus), Bécasseau minute (C. minuta), Bécasseau cocorli (C. ferruginea), Pluvier argenté (Pluvialis squatarola).

Chevalier guignette (Actitis hypoleucos), Chevalier gambette (Tringa totanus), Chevalier arlequin (T. erythropus), Chevalier culblanc (T. ochropus), Chevalier sylvain (T. glareola), Chevalier aboyeur (T. nebularia). Combattant varié (Philomacus pugnax), Barge rousse (Limosa lapponica), Barge à queue noire (L. limosa).

Echasse blanche (Himantopus himantopus).

Avocette élégante (Recurvirostra avosetta).

Courlis cendré (Numenius arquata), Courlis corlieu (N. phaeopus).

Huîtrier pie (Haematopus ostralegus).

Vanneau huppé (Vanellus vanellus).

Bécassine des marais (Gallinago gallinago).

Les tournepierres et les gravelots chassent à vue, en retournant les cachettes naturelles des petits crustacés et autres « petites bêtes », sans vraiment fouiller la vase. Comme leur cousins limicoles, ils possèdent des pattes adaptées à la vase ; les pouces, situés à l'arrière des deux pattes, sont positionnés plus haut que la normale, leur permettant ainsi de ne pas s'enfoncer, et de bien se déplacer.

Tournepierre à collier (Arenaria interpres).

Petit Gravelot (Charadrius dubius), Grand Gravelot (C. hiaticul),Gravelot à collier interrompu (C. alexandrinus).

Un limicole beaucoup plus familier, assez commun sur les plages océaniques, court sur le sable en suivant les vagues pour se nourrir. Gris clair, le Bécasseau sanderling (Calidris alba) se laisse approcher par les hommes à moins de dix mètres.

On peut également observer, sur l'estran, le passage de certains oiseaux opportunistes qui viennent concurrencer les limicoles, ou tout simplement se rafraîchir.

Pipit maritime (Anthus petrosus).

Traquet motteux (Oenanthe oenanthe), Tarier des prés (Saxicola rubetra), Tarier pâtre (S. torquata).

Bergeronnette des ruisseaux (Motacilla cinerea).

Chevaliers gambettes. Photo Ph. Nadé.

Echasse blanche. Photo Ph. Nadé.

Le Bassin d'Arcachon est l'un des plus grands herbiers à zostères d'Europe ; il bénéficie ainsi de la présence régulière de nombreux canards, oies et cygnes. Les zostères sont d'une importance capitale pour la biodiversité ; elles se positionnent à la base de la chaîne alimentaire, comme l'herbe de nos prairies.

C'est la raison pour laquelle de nombreuses Bernaches cravants – petites oies sombres au croupion blanc – nous arrivent de Sibérie pour passer l'hiver, sur cette lagune nourricière. Elles hivernent plusieurs mois, reprenant des forces, dans l'attente du grand retour vers la toundra sibérienne, pour la prochaine nichée. Jusqu'à 40 000 individus peuvent venir, et d'énormes vols de bernaches remplissent le ciel arcachonnais quand elles partent s'alimenter autour de l'Île aux Oiseaux ou se reposer devant le Moulleau.

A marée haute, ce sont les poissons et toute la faune sous-marine (page 157) qui viennent à leur tour se régaler des zostères ou fouiller dans la vase. Les vasières constituent donc un énorme habitat et un gigantesque garde-manger, fondamental pour la biomasse et la biodiversité du Bassin d'Arcachon.

Deux phénomènes posent problème sur le bas des prés salés : une graminée, la spartine – un hybride plus tenace que l'espèce locale – tend à former des îlots compacts, fixant de ce fait les sédiments ; la « *lige* » – un mélange d'algues filamenteuses – se développe pendant la belle saison, sous le soleil estival, grâce à un surplus de nitrate déversé dans le Bassin. Cet « agglomérat végétal » retombe sur les vasières à chaque marée et, comme une moquette posée sur la vase, empêche l'air de circuler et asphyxie la vie animale.

Vol de Canards pilets. Photo Ph. Nadé

Photo F. Carnoy

A parté ! La Bernache cravant

*La **Bernache cravant** (Branta bernicla bernicla), mesure soixante centimètres de long, avec une envergure moyenne d'un mètre vingt, pour un poids d'un kilo et demi. Essentiellement maritime, elle dort en pleine mer, attendant la marée basse pour aller s'engraisser de zostères et autres plantes aquatiques.*
Elle niche dans la toundra – au nord de la Sibérie occidentale – durant les deux mois d'été, quand le sol n'est plus gelé et la neige fondue. Les petits sont nidifuges, et peuvent donc tout de suite quitter le nid, en raison des rudes conditions climatiques qui imposent aux oies de migrer assez rapidement. Elles descendent dès la fin du mois d'août, en longeant les côtes européennes, pour venir séjourner une partie de l'hiver sur le littoral hollandais, français et anglais, après un trajet de sept à huit mille kilomètres. Au cours de ce voyage éprouvant et difficile, la migration tue les moins expérimentées et les plus fragiles. Pendant les nombreuses étapes migratoires, certaines changent parfois d'alimentation, pour des cultures céréalières. En Hollande, de gigantesques vols de bernaches se posent dans les champs, occasionnant de nombreux dégâts sur les cultures ; les agriculteurs perçoivent alors des compensations financières.

Le Bassin d'Arcachon constitue la limite sud de leur migration ; depuis quelques années, la population de bernaches augmente pour atteindre une moyenne annuelle de quarante mille individus. Les arrivées et les départs sont étalés de novembre à février, avec un pic de fréquentation de décembre à janvier. Comme les cygnes, elles viennent – à la marée descendante et jusqu'au montant – consommer principalement les zostères disponibles sur les vastes vasières du Bassin. Entre bancs de sable et chenaux – « remises » et « zones de gagnage »** – les bernaches nous offrent, tous les jours et à plusieurs reprises, leurs vols majestueux et impressionnants de milliers d'individus.*

Suite à une épizootie de la zostère, l'espèce a failli disparaître dans les années 1930, chutant à vingt mille individus. Protégée en France depuis le 5 avril 1962, la population mondiale se stabilise vers 1980, jusqu'à deux cent mille individus.
Aujourd'hui, les effectifs européens évoluent selon le rythme alimentaire de l'un des principaux prédateurs de la bernache, le Renard polaire. Le renard chasse habituellement des lemmings, un petit rongeur des steppes sibériennes, similaire à un campagnol, qui voit ses populations se réduire considérablement d'une année sur l'autre. Alors, en manque de nourriture, le renard se rattrape sur les jeunes bernaches de l'année.

* ***Remise** : zone de repas pour les oiseaux.*
** ***Zone de gagnage** : là où les oiseaux vont s'alimenter.*

Sepanso R.N. Banc d'Arguin

Bernaches sur vasière ; en arrière plan : Cygnes tuberculés

De gauche à droite en partant du haut :

Un panel de différents coquillages présents sur les plages.
Traces sur le sable laissées par la marée descendante.
Laisse de mer constituée en grande partie de zostères.
Cadavre de Guillemot de Tröll de la même « famille » (alcidés) que les pingouins.
Les différents « trésors » de la laisse de mer dont de nombreux indices de présence.

La plage, la « laisse de mer » et la faune sous-marine

Il suffit, pour connaître une partie de la flore et de la faune sous-marine, de suivre à pied la « laisse de mer »* ; ce cordon végétal, constitué par les « déchets » déposés par les eaux à chaque marée, est un véritable mini écosystème. Ce dépôt, appelée vulgairement « varech »**, est une aubaine pour la biodiversité, puisqu'elle propose nourriture, abris et engrais, pour la flore et la faune. A l'exemple de la « puce de mer » (*Talitrus saltator*), un petit crustacé qui consomme la matière organique échouée sur les plages, avant d'être à son tour mangé par les oiseaux de passage.

Cette matière en décomposition – en grande partie constituée de Zostères naines, mortes – va permettre à quelques plantes de pouvoir se développer. C'est le cas du Cakilier maritime (pages 58, 59), une plante charnue, aux feuilles découpées avec de petites fleurs blanches, riche en vitamine C et en sels minéraux. Celui-ci était utilisée par les marins, avec la Cochléaire anglicane, pour lutter contre le scorbut pendant les longues sorties en mer.

La Soude brûlée (page 133), qui pousse aussi sur le haut de plage, permettait de récupérer de ses cendres la soude caustique***. Une nouvelle immigrante échappée des jardins, l'Epinard de Nouvelle Zélande, originaire d'Océanie, s'installe depuis quelques années sur les plages des 44 hectares. Egalement comestible, il apparaît sur la presqu'île du Mimbeau, coté lagune, où il colonise le sable dénudé, près de la laisse de mer. Toutes ces petites plantes opportunistes évoluent discrètement, sous le regard de la grande Lavatère arborescente et du Salsifi des prés (page 133).

Mélangée aux déchets de la laisse de mer, il existe une autre espèce, la Zostère marine (page 156), elle aussi très utile dans le milieu naturel. Elle est facile à identifier par ses formes identiques à celles de la Zostère naine, et par sa taille, beaucoup plus importante. Vivante, la Zostère marine est en permanence immergée (page 156), formant ainsi des herbiers sous-marins propices à la vie. Ces herbiers dissimulent des pontes de mollusques, dont ceux de la seiche et de différents poissons, tout en camouflant les hippocampes et les syngnathes, ces discrets petits « chevaux de mer ».

Cette zostère abrite également toute une microfaune, dont le phytoplancton, nécessaire à certains alevins, et divers zooplanctons tant attendus par la faune marine. Par la présence de ces herbiers, et une eau suffisamment chaude à la belle saison, les conditions sont propices au développement du plancton. De ce fait, toute une faune migratrice arrive avec le réchauffement printanier, en résidence d'été, pour apprécier à l'intérieur du Bassin une eau riche en nourriture qui peut monter jusqu'à 24 °C.

** La **laisse de mer** : ce sont les déchets déposés par la mer à chaque marée ; de nombreux insectes détritivores et prédateurs vivent autour de ces dépôts organiques, comme par exemple : Cicendèle maritime (Carabe), Fucellia maritima, Asilie frelon (Diptère), Forficule des sables « Labidura riparia » dit perce oreille, Phaleria cadaverina (Coléoptère), Philodromus fallax (Araignée), etc.*
*** **Varech** : nom vulgaire pour désigner les déchets laissés par la mer (la laisse de mer), mais aussi celui d'une algue brune assez commune, le Fucus vésiculeux.*
**** La **soude caustique** était utilisée dans la fabrication de certains produits pratiques de la vie courante, comme la lessive, le savon et le verre.*

En général, les promeneurs préfèrent ramasser les coquillages échoués un peu plus bas sur la plage. Ces derniers attestent de la présence de différentes espèces de gastéropodes et de bivalves, ces nombreux mollusques (page 154) qui peuplent le Bassin d'Arcachon. Cependant, les vrais trésors se trouvent au milieu des zostères et des algues échouées. En effet, de nombreux autres indices de présence, en l'occurrence des œufs de raies et de roussettes, des vertèbres de mammifères marins, ainsi que des cadavres d'animaux, sont dissimulés au milieu du varech.

La Tortue luth, la plus grosse tortue du monde, suit le Gulf Stream et vient se régaler des méduses qui flottent, portées par les courants, entre deux eaux. On s'aperçoit seulement de sa présence lorsqu'on la retrouve échouée sur les plages océaniques, empoisonnée par occlusion intestinale, après avoir confondu avec des méduses les sacs d'emballage plastique blancs issus des activités humaines.

De mémoire d'homme, il y a toujours eu des mammifères marins sur la côte aquitaine et dans le Bassin d'Arcachon ; à l'exemple des baleines ou autres cétacés, largement chassés dans le golfe de Gascogne tout au long du Moyen Âge. Ils finirent par disparaître, laissant la place à de petits delphinidés, déjà bien répandus depuis l'Antiquité. A partir du XVIIIe siècle, les dauphins sont chassés par la bourgeoisie qui, pour se distraire, les tirait au fusil. Il nous en reste le témoignage, sur les stands de tir de certaines vieilles fêtes foraines, où les dauphins côtoient les petits canards. Depuis toujours les marsouins et les grands dauphins entrent régulièrement dans le Bassin d'Arcachon.

Un jour d'août 1988, plusieurs Dauphins souffleurs (*Turciops truncatus*) ont été observés à leur tour ; parmi eux, un dauphin particulièrement sociable avec les hommes – dit « ambassadeur » – se familiarisa rapidement avec les eaux du Bassin. Nommée Françoise, cette femelle devint très rapidement une curiosité locale. A l'image de ses prédécesseurs qui, au siècle dernier, venaient chasser les bancs de mulets le long des esteys, Françoise évoluait dans les chenaux au large d'Andernos et du Cap Ferret. D'autres femelles, Egoïne, Grande Faucille, Omega, et un mâle appelés Vire, vivaient en groupe matriarcal, autour de l'éducation de Petite Faucille, fille d'Egoïne. En effet, la surveillance du jeune dauphin nécessite plusieurs nourrices, afin de permettre à la mère d'aller respirer à la surface ou de pouvoir dormir. Au nombre de six, elles sont revenues chaque printemps, plusieurs années durant, pour le plus grand bonheur de la population.

En 2001, Françoise mourut noyée, piégée dans un corps-mort, et la troupe se fit de plus en plus rare. Depuis 2002, on aperçoit en saison estivale des marsouins de passage, mais pas de trace des grands Dauphins souffleurs. En l'absence de pollution, on peut espérer qu'un jour les dauphins repassent par cette lagune nourricière.

Dauphins souffleurs de passage en migration sur le Bassin d'Arcachon.

Aparté ! Les mollusques

Trois grandes « familles » de mollusques se côtoient dans les eaux du Bassin d'Arcachon : les* ***céphalopodes*** *(cephale : tête ; podos : pied) comme les pieuvres, calmars et seiches ; les* ***gastéropodes*** *(gaster : estomac ; podos : pied) comme les bulots et les bigorneaux ; et les* ***lamellibranches*** *ou* ***bivalves*** *(bi : deux ; valvae : battant de porte) comme les huîtres et les moules. Il y a ceux qui fabriquent leur coquille, comme les bivalves et les gastéropodes, et ceux qui n'en ont pas comme les poulpes.*

*Depuis près de trois cent millions d'années, ces animaux au corps mou ont développé tout un panel de techniques de défense et de prédation, impressionnantes d'efficacité et de longévité. Consommés par les hommes depuis toujours, ils font partie des premiers aliments pêchés. Leurs étranges « carapaces »** ont, elles aussi, toujours fasciné par leurs formes et leurs couleurs. C'est pourquoi, les coquillages ont rapidement été utilisés par les hommes comme outils, trésors, monnaie d'échange, ornements, et symboles spirituels. Les mollusques, aux comportements radicalement opposés, sont nombreux à être prédateurs. Certains sont brouteurs (les bigorneaux), d'autres filtreurs (les moules), mais la plupart des gastéropodes chassent à la recherche d'une proie, comme par exemple, le Cormaillot perceur, un redoutable prédateur de l'huître.*

Les ***gastéropodes*** *sont des « escargots de mer » se déplaçant grâce à leur pied ventral, en portant leur maison sur le dos. La natice, qui se régale des coques, peut tout à fait glisser sous le sable pour les déloger de leur cachette et se cramponner à elles ; la radula, sa langue râpeuse, perfore alors la coquille du bivalve pour y glisser ses sucs digestifs, avant d'avaler la « soupe » nutritive. Certains gastéropodes attaquent les anémones, les éponges et autres animaux sous-marins, ou peuvent aussi se dévorer entre eux.*

Les « ***nudibranches*** *», de la classe des gastéropodes, n'ont pas de coquille, et ressemblent à des limaces de mer ; à l'image du Doris cantabrique. D'autres, les techtibranches, dont le plus gros, présent sous nos latitudes – l'aplysie ou Lièvre de mer, localement appelé « pisse vinaigre » – nage parfois en pleine eau, quand il n'est pas occupé à consommer les algues et les zostères.*

Les ***bivalves****, souvent dissimulés sous le sable ou la vase, avalent et recrachent l'eau à l'aide de deux tubes – l'un qui aspire et l'autre qui rejette –, récupérant ainsi l'oxygène et la nourriture nécessaires à leur survie. C'est la raison pour laquelle on recherche, à marée basse, deux petits trous dans le sable, pour pêcher les couteaux. Les* ***tarets*** *sont des lamellibranches ressemblant à des vers, qui creusent des galeries dans le bois flotté ou submergé ; l'animal s'y protège dans un long tube calcaire, que l'on peut observer dans les fragments de vieux bois échoués dans la laisse de mer.*

Les ***céphalopodes*** *sont les rois du camouflage et de la chasse à l'affût, comme les poulpes qui se dissimulent dans des trous au milieu des rochers, pour surprendre leurs proies. La seiche, elle, peut prendre les couleurs de son milieu naturel ; véritable caméléon, elle reste immobile sans effort, grâce à son squelette interne qui joue le rôle de flotteur et que l'on retrouve sur les plages après la mort de l'animal : l'os de seiche, de couleur blanche.*

Dans le Bassin d'Arcachon les espèces de mollusques sont nombreuses, et l'on peut récolter les différentes coquilles (les coquillages) des animaux suivants :
Côté Bassin : des hydrobies, des littorines (bigorneaux), des gibbules, des troques, des patelles, des ormeaux, des crépidules, des pourpres, des Cormaillots perceurs, des Nasses réticulés, des coques, des dosines, des couteaux, des Amandes de mer, des palourdes, des huîtres, des moules, etc.
A l'océan : des dentales, des Tellines papillons, des donaces (langagnons), des natices, des janthines, des turritelles, des mactres, des bucardes, des Pieds de Pélicans, des pétoncles, des vernis, des praires, des vénus, des porcelaines, des actéons, des Anomies pelure d'oignon, des lutraires, des pholades, etc.

** L'embranchement des mollusques est divisé en cinq classes. Nous parlons ici des trois principales, celles qui nous sont les plus familières.*
*** Coquille en sel de calcium, sécrété par l'animal à partir des minéraux présents dans l'eau, et cela afin de le protéger.*

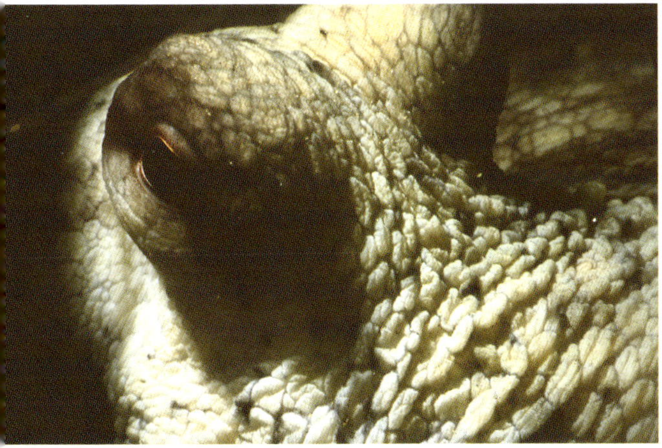

Œil du poulpe

Doris cantabrique

Seiche

Tous relativement communs dans le Bassin d'Arcachon, ces trois mollusques (ci-dessus) surprennent par leurs formes, leurs couleurs et leur adaptabilité au milieu naturel.

Le plongeur découvre rapidement, sur les fonds du Bassin, une grande diversité, notamment dans les herbiers, ou sur les épaves, les blockhaus et les enrochements

Banc de Tacauds

Margueritte de mer

Poulpe

Eponge pinceau

Ascidie coloniale

Photos J.-F. Marailhac, Scaph Pro recherche océanographique

Etoile de mer et ponte de nasse sur Zostère marine

Hippocampus ramulosus

Photos Ch. Naslain

Une biodiversité sous-marine remarquable !

Près de deux mille espèces d'animaux marins vivent dans le Bassin d'Arcachon. Cependant, une partie de la vie sous-marine n'est pas visible et ne laisse aucune trace de son passage ; seule la plongée permet de la voir et de l'identifier.

Derrière les parcs à huîtres – en l'occurrence ceux installés devant la plage du Mimbeau – une pente sableuse plonge vers le chenal où les moules sauvages recouvrent toute la vase. Sur cette descente, tout un étalage d'espèces animales brille par sa diversité et son originalité. Un vaste panel d'éponges, de crustacés, d'étoiles de mer, d'anémones, d'ascidies (page 164) et de mollusques (page 154) évoluent au milieu des algues vertes, rouges et brunes (page 162).

On peut facilement observer dans les rochers – site d'Hortense dans les 44 hectares – des oursins, des poulpes, des araignées, des congres et des homards. Sur le sable, ce sont les Raies torpilles* et les soles sédentaires qui se posent sur les fonds, légèrement camouflées sous les sédiments à l'abri des courants. Tout cela sous le ballet des bancs de tacauds, grisets, sars, mules, bars, rougets, vieilles et autres poissons qui, par leurs formes et leurs couleurs toujours plus originales, animent et embellissent les fonds.

Il existe deux hippocampes protégés (*Hippocampus hippocampus et Hippocampus ramulosus*) qui vivent souvent dissimulés dans les herbiers, sous les algues, ou à proximité des enrochements. Le premier, plus petit et plus rare, fut observé dans le « trou d'Hortense » ; l'autre (page ci-contre) est présent dans les herbiers à Zostère marine, autour des parcs à huîtres, des embarcadères et sur les pourtours de l'Ile aux Oiseaux. Autrefois, ils étaient souvent ramassés ; une fois séchés on les gardait en décoration dans les villas d'été. De nos jours, ils colonisent encore leurs niches écologiques, restant cachés parmi les zostères, aux côtés des siphonostomes**.

Des vers marins tubicoles, comme le spirographe et la sabelle (page 165), laissent sortir de leur tube un panache de tentacules aux multiples couleurs, filtrant la nourriture en suspension dans l'eau, qui se rétractent dès qu'un danger se présente.
Le Lièvre de mer*** – au corps sombre, jusqu'à 30 cm de long –, relativement commun dans le Bassin d'Arcachon durant l'automne, fait figure d'incontournable. Le Doris cantabrique (page 155), aux couleurs bleues et jaunes, se dissimule discrètement sur les algues ou les éponges qu'il consomme, surprenant les plongeurs chanceux de le voir évoluer.

** Plusieurs sortes de **poissons cartilagineux** évoluent autour de la presqu'île – dans le Bassin d'Arcachon ou/et dans l'océan Atlantique – dont la **roussette**, un petit requin, des **raies**, des **torpilles**, et des **pastenagues**. La raie est inoffensive, par contre la torpille émet des décharges électriques, et la pastenague possède un dard venimeux.*
*** **Siphonostome** : une espèce de syngnathe, ressemblant à un hippocampe allongé, similaire à un petit poisson effilé.*
**** **Lièvre de mer** : nommé « pisse vinaigre » en rapport au liquide pourpre qu'il crache pour se protéger de ses adversaires, comme le fait la seiche avec son encre.*

La « palme » de la beauté revient aux anémones, qui embellissent les fonds par leurs tentacules aux couleurs rayonnantes ; de différentes tailles et nuances, elles ressemblent à des fleurs, constituant parfois de véritables prairies sous-marines.
La Marguerite de mer (*Actinothoe sphirodeta*, page 155), aux tentacules blancs, se laisse bercer par les flots tout en capturant ses proies microscopiques.

L'Anémone bijou (*Corynactis viridis*), « reine » des eaux dans le Bassin d'Arcachon, est une toute petite anémone qui forme, sur les rochers ou les épaves, des tapis arc-en-ciel, du jaune au vert, du violet à l'orange ; un surprenant spectre de couleurs donnant au Bassin tout son exotisme.

Certains animaux, dits pélagiques*, se rapprochent de nos côtes, poussés par les vents et les courants, comme par exemple la vélelle, dont on retrouve dans le varech les discrets squelettes en forme de feuilles transparentes, ainsi que la physalie, sorte de méduse qui flotte en surface. Cette dernière, appelée vulgairement « galère portugaise », possède des filaments urticants qui peuvent foudroyer un maquereau ou créer un malaise chez le nageur.

Face à toute cette vie sous-marine présente dans le milieu naturel, il est important pour les professionnels de protéger les parcs ostréicoles des nombreux prédateurs : les raies, les balistes, les crabes, les étoiles de mer, les cormaillots et les natices se régalent des jeunes huîtres.

* **Pélagique** : *zone se trouvant au large des côtes, en pleine mer. Se dit des espèces évoluant dans cette zone.*

A gauche : Hydraire tubulaire, présent dans le Bassin, seulement l'hiver, quand l'eau est froide.

A droite : colonie de clavelines (Clavelina lepadiformis), les plus jolies ascidies du Bassin d'Arcachon.

Anémone bijou (Corynactis viridis) sur balane. Photo Ch. Naslain.

Doris de Krohn sur Corynactis viridis. Photo Ch. Naslain.

Discodoris. Photo Ch. Naslain.

A parté ! Les algues

*Les **algues** tiennent un rôle essentiel dans le réseau trophique de la vie sous-marine. Certaines sont unicellulaires et microscopiques, comme par exemple les **diatomées** qui, une fois déposées sur les vasières, donnent une teinte plus oxydée à la vase ; elles font partie du phytoplancton, essentiel à la vie par sa biomasse et l'oxygène produit grâce à la photosynthèse. Les autres algues pluricellulaires sont constituées de thalles (sans tige, ni feuille, ni racine), qui nous font souvent penser à des plantes aquatiques. Aujourd'hui utilisées dans l'industrie moderne pour la fabrication de gels, de dentifrices, de produits de beauté et alimentaires, les algues sont exploitées un peu partout sur la planète. On les ramasse, pour l'industrie pharmaceutique, autour de certaines îles indonésiennes, sur les estrans coralliens, à l'aide de petits radeaux flottants. Souvent comestibles, elles sont pêchées sur la côte pacifique du Chili où, après être mises en ballots, elles sont vendues comme condiments au bord des routes. En France, pour faciliter l'accueil du tourisme estival, elles sont récupérées sur les plages ; elles peuvent aussi être épandues comme engrais sur les cultures. De récentes études démontrent leur qualité d'isolation dans la fabrication de matériaux de construction. Certains plats régionaux, composés à partir d'algues, peuvent être proposés dans des restaurants.*

*Sur le Bassin d'Arcachon, les algues ne sont pas exploitées, contrairement à la Bretagne où on récupère le goémon pour en extraire les produits minéraux. Ici, les algues participent à la reproduction des différentes catégories d'animaux sous-marins. Par les herbiers qu'elles forment à côté des plantes aquatiques (zostères), elles offrent support et protection pour les différentes pontes, tout en abritant la microfaune indigène. Consommées également par une partie de la faune sous-marine, elles se positionnent à la base de la chaîne alimentaire, au même titre que la zostère. Aux formes souvent très différentes, elles se placent en de multiples endroits selon les espèces. Il existe trois grandes catégories, les **algues vertes** à la chlorophylle apparente, les **algues brunes**, les plus grandes, aux pigments foncés, et les **algues rouges**, souvent plus petites, mais toujours surprenantes. Les algues vertes, celles qui nous sont les plus communes, se retrouvent souvent près de la surface ; parmi elles, certaines supportent même, quelque temps, l'absence d'eau à marée basse.*

Voici quelques exemples d'algues communes sur notre littoral.
***Algues vertes** : Entéromorphes/Enteromorpha intestinalis, E. compressa, E. linza, Laitue de mer/Ulva lactuca, Cladophore/Cladophora rupestris, Spongomorpha arcta.*
***Algues brunes** : Varechs/Fucus spiralis, F. vesiculosus, F. serratus, Pelvétie/Pelvetia canaliculata, S. muticum.*
***Algues rouges** : Coralline/Corallina elongata, C. officinalis, Cryptopleura ramosa. Ceramium rubrum.*

*NB : Ne pas confondre, avec les algues, les **plantes aquatiques** comme la rupelle, les zostères, la posidonie (en méditerranée), ainsi que certains **lichens** positionnés sur les rochers (comme Caloplaca marina). Les lichens sont formés par la symbiose d'un champignon et d'une algue, dont l'un apporte la nourriture et l'autre la protection, ce qui leur permet ainsi de coloniser pratiquement tous les écosystèmes terrestres, dont les plus hostiles – steppes, toundras et déserts – où ils proposent parfois la seule nourriture disponible. Très sensibles à la qualité de l'air, les lichens sont un très bon indicateur biologique témoignant de l'absence de pollution atmosphérique ; ce qui nous rassure puisqu'ils sont relativement abondants autour du Bassin d'Arcachon.*

Ponte de seiche sur algue. Photo Scaph-Pro

Marphysa sp., dit « pistiche » par les pêcheurs

Anémone encroûtante

Photos Ch. Naslain

A parté ! La faune sous-marine

__Les éponges__ existent depuis près de 500 millions d'années, et seraient les premiers être vivants pluricellulaires présents au fond des océans ; de l'__embranchement des spongiaires__ (spongos : éponge), ces animaux immobiles vivent en eau douce et dans toutes les mers du globe. Il en existe de nombreuses espèces, présentes à toutes les profondeurs. Ces organismes primitifs filtrent l'eau en provoquant un courant inhalant au travers de leurs pores, et prennent ainsi au passage les particules nutritives. Une des plus intéressantes du Bassin d'Arcachon est l'Eponge pinceau (page 155) ; assez grande et effilée, elle est placée face aux courants, et participe à fixer les sédiments et à nettoyer les eaux.

Les __cnidaires__ (cnide : ortie) sont apparus lors de l'explosion de la vie au Cambrien, il y a 300 millions d'années ; ils sont les premiers à développer un comportement animé en inventant le muscle et le système nerveux. Tous prédateurs et carnivores, ils __regroupent les méduses, les anémones, les coraux, les gorgones et les hydres__. Fixés sur un support, en colonie ou solitaires, certains peuvent fuir devant les prédateurs ; mais seules les méduses se déplacent en permanence, se laissant porter par les courants. Le Gulf Stream transporte chaque année différentes espèces, dont la plus familière – celle que l'on retrouve échouée sur les plages du Bassin – est l'aurélie (Aurelia aurita) ; facile à identifier grâce à sa taille imposante, on reconnaît ses organes digestifs en forme de quatre cercles, visibles par transparence sur le dessus de l'animal. Les cnidaires possèdent des cellules urticantes leur permettant de se défendre et de paralyser leurs proies. Les anémones sont les plus communes dans le Bassin d'Arcachon.

Les __ascidies__ (ascos : sac), de l'__embranchement des tuniciers__ (tunica : tunique), sont des animaux en forme de sac ; ils sont les plus apparentés aux vertébrés, puisque leurs larves possèdent une corde dorsale comme celle des poissons, qui est l'ancêtre de la colonne vertébrale. Ils ont également un cerveau primitif, malgré l'absence de cellules sensorielles. Adulte, le corps est enveloppé par une tunique, laissant deux siphons ouverts sur l'extérieur, l'un buccal et l'autre cloacal ; l'animal se nourrit ainsi du plancton, en restant immobile, fixé sur un support. Les ascidies, souvent solitaires, sont relativement communes dans les eaux du Bassin ; d'autres comme les clavelines (Clavelina lepadiformis), une espèce originale qui forme des colonies en bouquet d'une vingtaine d'individus, se démarquent par leur transparence et leur tunique translucide de 3 cm de haut (page 158).

Les __échinodermes__ (echinos : oursin ; derma : peau), sont des animaux essentiellement marins, inexistants en eau douce et ne supportant pas les eaux saumâtres. Ils __regroupent les étoiles de mer, les ophiures, les oursins et les holothuries__, et possèdent tous un squelette calcaire. Les étoiles de mer sont de redoutables prédateurs, capables de se déplacer, d'ouvrir des bivalves et de reconstituer un de leurs membres amputé. Les oursins, connus pour leurs longues épines, sont plutôt brouteurs et sédentaires. Souvent consommés par les hommes, ce qui n'est pas le cas autour du Bassin d'Arcachon, ils sont pêchés un peu partout sur la planète, notamment en Méditerranée. L'Oursin de sable (Echinocardium cordatum), en permanence enfoui dans le sable, peut vivre jusqu'à près de dix années ; il est recouvert d'une fourrure d'épines jaunes, lui permettant de s'enfouir rapidement sous les sédiments. Les holothuries (dont Holothuria forskali) ne respectent pas la forme en étoile à cinq branches de leurs congénères. Ces organismes ressemblent à des « concombres de mer » sombres, quasi immobiles sur le fond des océans. Plus communs sous des latitudes tropicales, ils sont microphages, filtreurs, ou consommateurs de déchets, et participent de ce fait à nettoyer les eaux.

Les __vers__ sont divisés en plusieurs groupes, et se retrouvent partout dans le milieu naturel. Très souvent cachés sous le sable, dans la roche ou menant une vie de parasite, ils sont relativement nombreux.
C'est pourquoi nous nous intéressons, ici, seulement aux __annélides__ (annulus : anneau) __polychètes libres ou sédentaires__. Les premiers (page 163) sont la cible des pêcheurs à la ligne, qui les récoltent sur les estrans sablo-vaseux à marée basse, pour les utiliser comme appâts. En effet, les arénicoles (Arenicola marina) creusent des galeries dans le sable – comme les lombrics terrestres – en ingurgitant les sédiments afin de digérer les particules nutritives, avant de tout rejeter derrière. Ils laissent ainsi sur le sol des tas de sédiments digérés en forme de « spaghettis » facilement reconnaissables ; ils sont très appréciés par les limicoles (page 144) et les poissons qui s'en régalent chacun leur tour, en fonction des marées. Les vers sédentaires font plutôt le bonheur des plongeurs, en présentant un panache plumeux et coloré, formé par de longs tentacules. On rencontre les vers spirographes (Spirographis spallanzanii) – les plus grands avec 30 cm de long et une couronne branchiale à plusieurs étages – ainsi que la Sabelle paon (Sabella pavonina, page 165), aux couleurs allant du rouge sombre au blanc crème.

*Les **arthropodes** (arthron : articulation ; podos : pied) constituent l'un des plus grands embranchements du règne animal. **Représentés par les insectes et les araignées sur les continents**, ils comprennent les crustacés (crusta : croûte) dans le monde sous-marin. Depuis très longtemps, ils sont nombreux, partout dans le monde, à être pêchés et consommés par les hommes. Après avoir dominé le monde bien avant la naissance des dinosaures, ils ont colonisé toutes les niches écologiques depuis près de 300 millions d'années, grâce à une grande capacité d'adaptation. Ils entrent dans la composition d'une grande partie du zooplancton, et prennent une place essentielle dans les écosystèmes sous-marins. Protégés par une carapace de calcaire ou de chitine, comme les insectes, ils participent eux aussi à nettoyer les océans des déchets organiques. Les plus connus, les crabes et les crevettes, sont assez communs dans les herbiers et les enrochements, notamment dans le « trou d'Hortense », où l'on peut observer des homards (Homarus gammarus) et des tourteaux (Cancer pagurus).*

La puce de mer – talitre (Talitrus saltator) –, l'Anatif pousse pied (Pollicipes pollicipes) et le Bernard-l'ermite (Pagurus bernhardus) sont également des crustacés.

Anémone bijou (Corynactis viridis)

Anémone (Anemonia sulcata) sur Zostère marine

Sabelle (Sabella pavonina)

Photos Ch. Naslain

Photos B. Lafosse

Les « gardiens des océans »

Le premier phare du Cap Ferret

Un nouveau phare, un emblème !

Le phare du Cap Ferret et le sémaphore aujourd'hui

Le premier phare se dresse dès 1840 sur les « dunes du Ferret », commune de La Teste.

Le premier phare du Cap Ferret

De tout temps, l'entrée du Bassin d'Arcachon a été un endroit stratégique de par sa position dans le golfe de Gascogne. Les ports d'Arcachon et de Bordeaux participaient largement au développement économique de la région. Le golfe de Gascogne et l'estuaire de la Gironde étaient beaucoup plus fréquentés qu'aujourd'hui, et cela malgré des intempéries imprévisibles et l'absence de port pour s'y réfugier. Une des plus grandes catastrophes maritimes de la côte aquitaine démontre les difficultés que l'on pouvait y rencontrer : le « naufrage des Portugais », en 1614 (page 41), auquel de nombreux ouvrages se réfèrent, nous rappelle la dangerosité de l'océan Atlantique.

Comme pour le golfe de Gascogne, l'entrée du Bassin d'Arcachon était largement fréquentée par les marins qui, dans l'espoir de la pêche miraculeuse, risquaient régulièrement leur vie. On décida alors, pour limiter les naufrages, de signaler et de surveiller ce site extrêmement dangereux. Dès 1833, l'administration des « Ponts et Chaussées », le commissaire aux classes, les capitaines au long cours et les maîtres de cabotage – de la Teste – réfléchirent à la mise en place du premier phare du Bassin d'Arcachon. Ils décidèrent de l'installer sur les « Dunes du Ferret », commune de la Teste, sur un monticule de sable naturel à proximité de la cabane des douaniers et du quartier des pêcheurs. La position du phare, éloignée de la pointe du Cap Ferret – non à son extrémité – permettait ainsi de palier aux problèmes d'érosion.

Tous les projets programmés sur la presqu'île (le phare, le sémaphore et le canot de sauvetage), essentiels pour le bon déroulement des activités maritimes, n'empêchèrent pas la catastrophe du « *gran malhur* » (page 107), survenue quelques années plus tard.

Le phare fut allumé pour la première fois le premier novembre 1840 ; ce magnifique ouvrage de cinquante mètres de haut, construit en pierres de taille, fonctionnait, dans un premier temps, grâce à une lampe à double courant d'air, alimentée à l'huile de colza. A partir de 1874, le feu fonctionna au pétrole, puis à la vapeur de pétrole. Le combustible était acheminé par bateau depuis Arcachon ; il arrivait en barriques au niveau du quartier des pêcheurs, pour être ensuite stocké au phare. La lanterne projetait un seul feu fixe blanc, sur quarante kilomètres de portée, et cela tout au long de la nuit. Avant qu'elle soit protégée par un grillage en fer, la lanterne attirait de nombreux oiseaux qui venaient s'y écraser, au profit des gardiens qui les ramassaient régulièrement.

Le rôle capital du phare, dans la signalétique maritime, engendrait de grandes responsabilités, nécessitant la présence de trois gardiens et d'un suppléant, tous logés dans le parc. Ils se relayaient dans les ateliers, disposés en cercle, autour d'un palier central, situés à la base du site.

Bâti sur sept mètres de fondation, son ascension se faisait par son unique escalier de 275 marches. Les premières modifications apportées à ce bâtiment commencèrent en 1904, avec un changement de feu, passant d'une lumière blanche fixe à un éclat rouge et blanc.

Ensuite, à partir de 1928 – et cela bien après celui du Cap de Hève en 1863 –, le phare du Cap Ferret bénéficia à son tour de la révolution technologique qui bouleversa l'histoire des phares, avec l'arrivée de l'électrification de la lumière, grâce à la présence d'un groupe électrogène à la base de la tour et d'une ampoule au sommet.

Une des particularités de ce bâtiment – en plus de sa position géographique atypique – est d'être construit sur une « terre nouvelle », la petite dernière du Bassin ; il a donc accompagné l'arrivée et le quotidien des premiers habitants (page 43) de ce jeune village.

A partir de 1860, les premiers visiteurs (page 50) arrivèrent sur la presqu'île avec le bateau à vapeur, à la rencontre des « Dunes du Ferret » et de l'océan Atlantique, depuis le panorama du phare. Un appontement avec un caillebotis en bois, de six cent cinquante mètres de long, fut installé pour faciliter l'arrivée des premiers promeneurs, proposant un accès praticable sur le sable. A la fin du XIXe siècle, un tramway emmenait régulièrement les touristes devant le phare et à l'océan.

Les blockhaus, installés au sommet des dunes pour mieux surveiller le littoral dans le dispositif du mur de l'Atlantique, sont aujourd'hui les pieds dans l'eau, rattrapés par l'érosion marine.

Depuis Louis XIV et jusqu'au Second Empire, le Bassin d'Arcachon était déjà un haut lieu de surveillance militaire, avec des batteries, des forts et des postes de douaniers, installés de part et d'autre de la lagune. Ces périodes étaient beaucoup plus propices aux conflits européens, avec la course à la conquête du monde entre portugais, espagnols, hollandais, et surtout nos historiques rivaux anglais. Pendant la Seconde Guerre mondiale, il en fut de même pour tous les phares français ; par leurs positions adaptées aux voies maritimes, ils servaient de tours de guet pour l'armée allemande, en renfort du « Mur de l'Atlantique ».

Dès l'arrivée des troupes, le phare du Cap Ferret fut tout de suite occupé. A partir de 1943, les Allemands installèrent des batteries antiaériennes et maritimes, positionnées dans des blockhaus tout le long du cordon littoral ; un filet anti sous-marins, des projecteurs et des bateaux armés y fermaient l'entrée du Bassin et l'accès aux passes. Par ailleurs, des casemates étaient également placées un peu partout sur la presqu'île. Cet ensemble défensif appelé « Ar » (Arcachon), était sous le commandement de la Kriegsmarine, avec sept positions stratégiques placées autour du Cap Ferret : Ar31, Ar32, Ar33, à la pointe et sur la façade atlantique, et Ar34, Ar35, Ar36, Ar37, côté Bassin.

Vers la fin de la guerre, lors du débarquement allié, la déroute de l'armée allemande a engendré une retraite rapide, laissant derrière elle un minimum de points stratégiques en état. Les tours de guet et autres observatoires ont été en partie dynamités, dont le sommet du sémaphore (page 181) et le phare du Cap Ferret, entièrement détruit. Alors que la population locale n'était pas prévenue, le phare a explosé à la dernière minute en pleine nuit du 21 août, soufflant les fenêtres de nombreuses habitations. Des pierres furent projetées jusqu'à la plage, et l'on en retrouva incrustées dans les arbres. Une ampoule intacte fut découverte sous les gravats, ainsi que toutes les aérations en cuivre, qui ventilaient le sommet de la tour. En mémoire de l'ancien phare, on réinstalla ces dernières, quelques années plus tard, dans le nouveau bâtiment, tandis que les gravats furent utilisés pour empierrer certains chemins de sable autour du parc.

En attendant, l'époque et la conjoncture ne pouvaient permettre au Bassin d'Arcachon de ne plus avoir de phare ; pendant près de trois ans, une tour de substitution fut installée, pour continuer provisoirement de signaler le littoral. On récupéra sur les dunes des éléments en aluminium, destinés à la construction d'un radar, pour les assembler avec de la corde à piano, afin d'en faire une tour suffisamment haute et d'y fixer, en son sommet, une ampoule bloquée dans une tête de bouée. Le phare fut reconstruit de 1944 à 1947 par différentes entreprises françaises, avec le concours d'une douzaine de soldats allemands, prisonniers de guerre.

Le phare du Cap Ferret accompagnait déjà les premiers habitants de cette presqu'île du « bout du monde ».

Un nouveau phare, un emblème !

En 1947, après trois années de travail, le phare est enfin prêt pour reprendre du service. Reconstruit pratiquement à l'identique, et au même endroit, il fut inauguré le 7 août 1949. Légèrement plus haut que son prédécesseur, avec cinquante-trois mètres de haut – entre l'ampoule et le zéro des cartes marines –, il garde le même code que le précédent, avec un éclat rouge toutes les cinq secondes. Sa hauteur totale est de cinquante-sept mètres et soixante-dix centimètres, ce qui lui vaut la première place vers les cieux, devant le château d'eau à cinquante-quatre mètres et le sémaphore avec ses vingt-neuf mètres de haut. Les trois sont placés sur des dunes, en plein cœur du Cap Ferret, alignés dans le sens de la presqu'île – du nord vers le sud – éloignés du littoral, érosion oblige ! Ce qui nous permet aujourd'hui de jouir, depuis leur sommet, d'un panorama exceptionnel sur l'intégralité du Bassin d'Arcachon et sur le littoral atlantique.

Le système optique de Fresnel, qui date de 1928, a été volé par l'armée allemande, juste avant la destruction du phare ; il fut détourné par des cheminots français et caché à Blaye, puis remis à sa place en 1947. Il est composé de quatre lentilles à échelon, placées sur chacune des faces du système optique. Les lentilles (focale 0,70 m) sont taillées en pur cristal de roche, et encerclent les six ampoules halogènes qui se trouvent au cœur du système optique. D'une puissance de mille watts, seule une ampoule fonctionne ; les autres la remplacent dès qu'elle grille.

Le système optique, lourd de plusieurs tonnes, est vissé sur un énorme écrou, et repose sur un bain de mercure permettant une hydraulique parfaite. Dès la nuit tombée, un capteur lumineux déclenche un petit moteur, et le système optique se met à tourner d'un rythme régulier, sur trois cent soixante degrés. La lumière est concentrée par les quatre lentilles du système optique, et forme quatre faisceaux lumineux projetés jusqu'à vingt-sept milles (cinquante kilomètres), par temps clair. Ces quatre faisceaux tournent, mettant vingt secondes pour faire un tour ; ils passent donc sur un même point toutes les cinq secondes ; alors, en s'éloignant du phare, le passage du faisceau lumineux devient un éclat avec la distance. Les vitres étant rouges, la lumière en les traversant le devient à son tour, et nous retrouvons le code du phare avec un éclat rouge toutes les cinq secondes.

Une lumière annexe de couleur blanche, d'une périodicité différente, est située au niveau d'une fenêtre sur la façade ouest du phare. Elle est placée juste au-dessous du système optique, en direction de l'océan, afin de préciser, sur un angle de 180° plein ouest, où se situe le littoral océanique, donnant ainsi un second point de repère aux navigateurs. Le phare s'intègre dans une signalétique maritime régie autour de trois couleurs, le blanc, le rouge et le vert, qui est expliquée sur la page suivante.

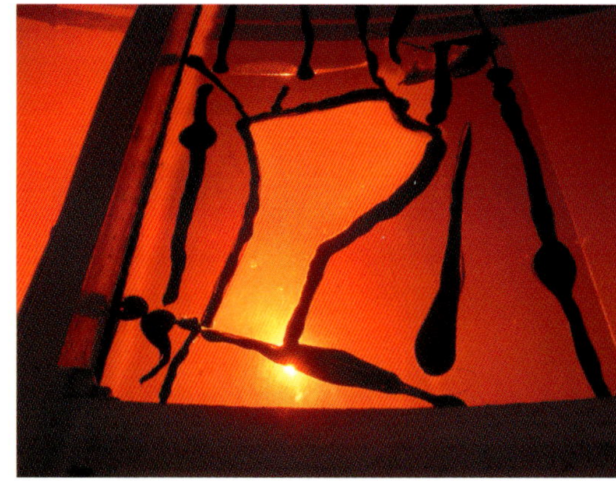

Un bas relief au-dessus de la grande porte de la tour, signe le phare du Cap Ferret :

- l'étoile est le symbole des Phares et Balises en hommage aux marins qui s'orientaient selon les étoiles ;
- la caravelle rappelle l'aventure maritime ;
- la sirène représente le monde de l'imaginaire, des légendes et du fantastique ;
- les deux dates inscrites correspondent aux deux « naissances » du phare.

Le phare culmine au milieu d'un parc privé de six hectares, où sont installés quatre logements pour les anciens gardiens. De nombreux passionnés sont venus garder ce phare et ont participé au quotidien de ce petit village. Les derniers gardiens sont partis en 1993, et le phare fut automatisé et télé-contrôlé en 1995 ; puis, en l'absence de gardien, il ferma ses portes au public en 1997. Je me permets de saluer ici la mémoire de celui que j'ai le mieux connu et qui m'a transmis sa passion pour un site exceptionnel, je veux parler de Raymond Gautreau, marin pêcheur et « gardien » du phare du Cap Ferret.

De nombreux oiseaux et un chevreuil ont élu domicile dans le parc du phare. Ce dernier, un magnifique brocard, s'y était réfugié, pourchassé par des chiens errants. Pratiquement apprivoisé par Elliette Gautreau, l'animal a rapidement fait partie du site, pour le plus grand bonheur des enfants. Retrouvé mort en janvier 2004, il avait séjourné un peu plus de cinq années à l'intérieur de ce petit bois. En 2005, un jeune chevreuil blessé, puis récupéré, se retrouve placé en convalescence dans le parc du phare, avant d'être à son tour chassé et tué par des chiens errants.

Signalétique maritime *: on doit passer à droite du rouge (la bouée ou le phare rouge doit rester à bâbord/à gauche du bateau) ; à gauche du vert (la signalétique verte doit être à tribord/à droite du bateau) ; ou alors s'aligner sur le blanc. Chaque phare doit donc rester en permanence reconnaissable par ses formes et ses couleurs le jour, et son code la nuit, puisqu'il signale des dangers précis et indique les routes maritimes. Aux trois quart blanc avec le sommet rouge, le phare du Cap Ferret indique un danger, il n'aide pas à entrer de nuit en l'absence d'une lumière verte. Il « déconseille » donc fortement l'entrée nocturne dans le Bassin d'Arcachon, en signalant la dangerosité des passes par son éclat rouge.*

A parté ! La visite du phare

Reconstruit en béton armé et non en vieille pierre, ce nouveau phare a eu le privilège de profiter de matériaux nobles pour l'aménagement de la tour intérieure. Payé par les dommages de guerre, les moyens engagés dans sa reconstruction permettront la réalisation d'un bel édifice plus lumineux. Il forme une tour tronconique en maçonnerie lisse de couleur blanche, sur laquelle repose la partie supérieure. Le haut de la tour, de forme dodécagonale, est en briques apparentes de couleur rouge où une passerelle en couronnement sépare la dernière partie. Composé de grandes vitres rouges, avec un dôme en cuivre sur lequel domine un paratonnerre, le sommet encercle et protège le système optique.

La tour se dresse au-dessus d'un hall d'entrée, où une grande porte en bois s'ouvre sur l'allée. Une petite terrasse en pierres apparentes et de couleur naturelle, encadre l'accueil à la base du phare. Derrière le hall, une galerie rejoint les anciens ateliers qui se trouvent dans un bâtiment rectangulaire à la base de la tour. C'est dans cette partie du bâtiment qu'a été aménagé l'espace muséographique.

L'accès à la tour se fait par un escalier de deux cent quarante-deux marches en pierres de comblanchien, avant d'arriver au dernier escalier en claire-voie, de seize marches métalliques. Les parois, essentiellement constituées de petits carreaux en faïence, réfléchissent toute la lumière qui entre par de grandes fenêtres. Le phare étant un véritable capteur d'humidité, ces carreaux permettent une meilleure étanchéité du bâtiment. Une grille en fer forgé protège l'escalier du vide, puisque, quelques années après sa construction, un ascenseur « Roux Combaluzier » fut installé en son centre. Aujourd'hui classé monte-charge, il est réservé au service.

Une fois à l'intérieur, plusieurs compositions artistiques et artisanales embellissent le phare, dont deux superbes mosaïques de grande taille, positionnées sur les murs de chaque coté de la tour, au niveau du hall d'entrée. La première représente le Bassin d'Arcachon, et la seconde le Cap Ferret ; elles présentent les lieux aux visiteurs et permettent d'évaluer l'évolution du littoral depuis la fin de la Seconde Guerre mondiale. Les grilles en fer forgé du monte-charge ont été réalisées en forme de cordes, sur lesquelles une étoile en cuivre, surmontant les lettres PC**, a été placée.*

*Aux côtés des mosaïques, deux supports en marbre soutiennent des sculptures, à l'origine en bronze : un buste d'Augustin Fresnel, l'inventeur de la lentille à échelon, l'autre, de Monsieur Beautemps Beauprés, ingénieur hydrographe du XIXe siècle, spécialiste des cartes marines et ancien directeur des « Phares et Balises ». On peut également apprécier un compas de marinier réalisé sur le sol, en opposition à un « agglomérat »*** de verre fondu incrusté dans du béton, placé sur le plafond. Ce hall, lumineux et harmonieux, plonge le visiteur dans une ambiance de poésie avant l'ascension vers l'incontournable panorama.*

** L'étoile est le symbole des « Phares et Balises », en mémoire des premiers navigateurs qui se dirigeaient selon les étoiles.*
*** PC : « Ponts et Chaussées », l'administration qui, autrefois, gérait les « Phares et Balises ». Aujourd'hui, toute la signalétique maritime dépend de la « Subdivision des phares et balises » – installé au Verdon en Gironde – sous responsabilité du « Service maritime » du port autonome de Bordeaux, Ministère de l'Equipement.*
**** Composition artistique en béton et en verre fondu ; le tout serti dans du fer forgé, formant un cercle autour d'une étoile en verre.*

Le parc boisé, qui entoure le phare du Cap Ferret, s'est largement développé depuis la construction du premier bâtiment. Il nous permet aujourd'hui, de découvrir un ouvrage remarquable blanc et rouge dressé au milieu d'un sanctuaire de verdure, où les chants des oiseaux résonnent dès le printemps venu.

Le phare du Cap Ferret et le sémaphore aujourd'hui

Fermé de 1997 à 1999, le phare du Cap Ferret ouvre de nouveau ses portes le premier juillet 2000. Ouvert toute l'année, il s'envole vers une seconde vie, après un bon coup de peinture, pour devenir une institution touristique et culturelle. Ce patrimoine bâti est un véritable emblème local au travers de son histoire, de son panorama et de son nouvel aménagement muséographique : l'exposition Terre d'eau. Jusqu'en 2006, deux webcams, fixées au sommet du phare, dévoilent une partie du panorama, sur le site Internet de l'Office du tourisme de Lège-Cap Ferret. Un sentier d'interprétation, « l'allée des couleurs », conçu et réalisé par Benoît Lafosse, accueille les promeneurs tout au long de la traversée du parc, les guidant au musée et à la tour. Le phare est aujourd'hui un site touristique à part entière, reconnu au niveau international ; il permet d'appréhender toute la beauté du Bassin d'Arcachon et les spécificités de la presqu'île de Lège-Cap Ferret.

Photos F. Carnoy

Le sémaphore est un observatoire de la Marine nationale qui, positionné vers la pointe du Cap Ferret afin de bien voir les passes, surveille les eaux territoriales et assure la sécurité maritime. De son étymologie latine « *semaphos* », signifiant « porte signe », ce bâtiment militaire permet de communiquer avec les marins. On utilisa d'abord des symboles et des signes, visibles de loin, selon une codification bien établie. Le morse fut ensuite utilisé, puis le radio-téléphone, permettant ainsi de mieux accompagner les professionnels de la mer face aux intempéries.

Il est le second gardien des passes, celui qui surveille, tandis que le phare signale les dangers et les côtes. Depuis son sommet, les guetteurs observent et analysent les éléments grâce à une logistique pointue et adaptée, dont une imposante paire de jumelles, fixée sur un support mobile. Le sémaphore du Cap Ferret est classé en première catégorie, puisqu'il surveille les passes, le Bassin et l'océan, de jour comme de nuit.

Construit en pierres de taille en 1896, il fut recouvert, après la Seconde Guerre mondiale, d'une couche géotextile en supplément, pour le protéger de l'érosion. La tour de guet du sémaphore a été en partie dynamitée ; afin d'empêcher l'accès au sommet, seuls l'escalier et la passerelle furent détruits. Le bâtiment d'origine a donc été sauvé ; on en profita pour lui rajouter un étage supplémentaire, lui permettant de passer au-dessus des pins. Bien positionné par rapport aux passes, le sémaphore offre un point de vue exceptionnel sur la pointe du Cap Ferret et l'entrée du Bassin d'Arcachon.

Alors que le phare se « recycle » dans le tourisme en tant que patrimoine bâti, le sémaphore, lui, continue de surveiller le littoral.

A gauche :

carte postale du sémaphore prise avant la Seconde Guerre mondiale

A droite :

le sémaphore du Cap Ferret au milieu des pins en 2004

Photo F. Carnoy

Épilogue

Depuis la Préhistoire, en passant par l'Antiquité et jusqu'à aujourd'hui, l'homme a toujours évolué sur ce littoral, en subvenant à ses besoins grâce à la proximité de l'eau et à la richesse des écosystèmes. Les hommes du Paléolithique chassaient les bisons, les rennes et les mammouths ; tandis que les Gaulois, installés en villages, récupéraient le sel et la poix pour en faire le commerce. Les Romains faisaient pousser de la vigne autour des « villae », alors qu'au Moyen Âge, la lande et les marécages reprirent leurs droits, et une nature plus hostile imposa aux indigènes un mode de vie plus difficile.

Longtemps protégée des grandes invasions barbares – malgré le passage des Vandales en direction de l'Afrique –, la région fut envahie par les Maures, puis par les Normands qui brûlèrent Bordeaux sur leur passage. Nommée plus tard « Guyenne », elle devint anglaise au XIIIe siècle, pendant près de deux cents ans.

Au cours des siècles, la « presqu'île de charme » se dessinait peu à peu, au rythme des éléments naturels, entre sables mouvants et océan. Le Cap Ferret n'existait pas encore, mais ses racines et ses influences prenaient vie. Plus tard, au XIXe siècle, sous l'impulsion de Napoléon III, la région finit par s'ouvrir au monde, profitant ainsi de la révolution industrielle, relativement propice à l'aménagement de son territoire. Entre pêche, sylviculture, gemmage, ostréiculture et tourisme, le Bassin d'Arcachon et la presqu'île de Lège-Cap Ferret se forgent une nouvelle identité, aujourd'hui appréciée de tous.

Les hommes ont toujours aimé cette région : les Gaulois, les Romains, les Anglais, les seigneurs féodaux, les artistes, les journalistes, les hommes d'Etat ou les vacanciers, tous ont été séduits par cette terre nouvelle. Aujourd'hui, cette merveille géologique recèle toute l'authenticité d'une région où la nature a toujours été reine. Le Cap Ferret est le dernier maillon de cette histoire. En l'absence de traces du passé, il faut lire ces paysages en compagnie de l'initié qui vous traduira ses secrets, en rêves et en souvenirs. L'histoire des hommes est là, sous nos yeux, il suffit d'observer la biodiversité et de comprendre le patrimoine culturel de cette presqu'île.

Ephémère trait d'union entre deux forces, fragile banc de sable entre deux mers, les eaux reprendront un jour leurs droits, pour laisser aux hommes un nouveau littoral à convoiter.

Balade botanique

Voici une liste non exhaustive des principales plantes présentes sur la presqu'île. Nombre de ces plantes se retrouvent un peu partout autour du Cap Ferret, même en plein centre du village dans les jardins et dans le parc du phare. On les associe à un écosystème spécifique, mais la situation géographique et climatique de Lège-Cap Ferret étant particulière, de nombreuses plantes cohabitent dans une proximité parfois surprenante. Entre plages, dunes, forêts, jardins, chemins, prés salés, vase, argile et rochers, les plantes s'acclimatent et nous proposent un panel botanique intéressant.

Dune blanche et plage : *gourbet ou oyat (Ammophilia arenaria). Liseron des sables (Calystegia soldanella). Panicaud maritime ou Chardon bleu (Eryngium maritimum). Euphorbe des dunes (Euphorbia paralias). Gaillet des sables (Galium arenarium). Diotis maritime (Diotis maritima). Silene de Thore (Silene thorei). Soude brûlée (Salsola kali). Soude commune (Salsola soda). Linaire à feuilles de thym (Linaria thymifolia). Renouée maritime (Polygonum maritimum). Chiendent cassant (Agropyron juncoides). Cakilier maritime ou « roquette de mer » (Cakile maritima).*

Dune grise : *Armoise de Lloyd (Artemisia campestris maritima). Saule des sables (Salix arenaria). Carex à trois nervures (Carex trinervis). Centaurée rude (Centaurea aspera). Erodium collant (Erodium glutinosum). Fétuque des dunes (Festuca juncifolia). Fétuque basque (F. vasconensis). Laîche des sables (Carex arenaria). Brome des sables (Bromus thominie). Pavot cornu (Glaucium flavum). Immortelle (Helichrysum staechas). Jasione des sables (Jasione crispa maritima). Luzerne littorale (Medicago litoralis), Luzerne maritime (M. marina). Bugrane maritime (Ononis repens maritima). Fléole des sables (Phleum arenarium). Silène de Porto (Silene portensis), Orpin brûlant ou Poivre de muraille ou vermiculaire (Sedum acre), Orpin réfléchi (S. reflexum). Porcelle enracinée (Hypochoeris radicata). Silène conique (Silene conica). Alysson maritime (Alyssum maritimum). Onagre bisannuelle ou Herbe aux ânes (Oenothera biennis). Séneçon commun des dunes (Senecio vulgaris). Myosotis rameux (Myosotis ramosissima). Plantain des sables (Plantago arenaria). Epervière laineuse. A noter également la mousse Tortula ruraliformis, ainsi que Serapias lingua et Epipactis palustris, deux orchidées présentes dans les dépressions humides en arrière dune.*

Pinède et forêt : *Pin maritime (Pinus pinaster). Chêne vert (Quercus ilex), Chêne liège (Q. suber). Arbousier (Arbutus unedo), tremble (Populus tremula). Saule roux (Salix atrocinerea). Fougère aigle (Pteridium aquilium). Bruyère à balais ou Brande (Erica scoparia), Bruyère cendrée (E. cinerea), Bruyère à quatre angle (Erica tetralix), Bruyère du Portugal, callune (Calluna vulgaris). Vergerette du Canada ou Erigeron du Canada (Conysa canadensis). Ronce commune (Rubus spinosa). Phragmite ou roseau phragmite (Phragmites australis). Osmonde royale (Osmunda regalis). Polypode (polypodium vulgare). Genêt à balais (Cytisus scoparius), Genêt d'Espagne (Spartium junceum). Ajonc nain (Ulex minor), Ajonc d'Europe (U. europoeus). Ciste à feuilles de sauge (Cistus salvifolius). Queue de lièvre (Lagurus ovatus). Solidage verge d'or (Solidago vergaurea), lampourde (Xanthium strumariuim). Silène enflé (Silene vulgaris). Hélianthème à gouttes (Helianthenum guttatum). Datura ou Pomme épineuse (Datura stramonium). Morelle noire (Solanum nigrum). Douce amère (Solanum dulcamara). Fumeterre officinale (Fumaria officinalis). Grande Pervenche (Vinca major). Alliaire (Alliaria petiolata). Millepertuis perforé (Hypericum perforatum). Bouillon blanc (Verbascum thapsus). Muscari en grappes (Muscari neglectum). Thym précoce ou serpollet (Thymus serpyllum). Mouron rouge (Anagallis arvensis). Garance voyageuse (Rubia peregrina). Molinie bleue (Molinia coerulea). Mélampyre des prés (Melampyrum pratense). Vipérine (Echium vulgare). Sucepin (Monotropa hypopitys). Orobanche du Genêt.*

Prés salés/vasière : *Séneçon en arbre ou faux Cotonniers (Baccharis halimifolia). Soude arbustive (Sueda vera), Soude maritime (Sueda maritima). Bette maritime (Beta maritima). Obione des ports ou Pourpier de mer ou Arroche pourpier (Halimione portulacoides). Inule faux criste (Inula crithmoides). Cochléaire anglicane ou Cranson d'Angleterre (Cochléaria anglica), Cochléaire du Danemark (C. danica). Chiendent maritime (Agropyron littorale), Chiendent piquant (A. pungens). Arroche en fer de lance (Atriplex astata). Spergulaire marginée (Spergularia media), Spergulaire marine (S. marina). Salicorne ligneuse (Arthrocnenum fruticosum), Salicorne vivace (A. perenne). Aster maritime (Aster tripolium). Statice commun ou « lavande de mer » (Limonium vulgare). Spartine de Townsend (Spartima towsendii). Zostère naine (Zostera noltii), Zostère marine (Zostera marina).*

***Autour du Mimbeau (jardin, chemin, argile, sable, rocher, sous bois)** : Robinier faux-acacia (Robinia pseudoacacia). Mimosa (Acacia dealbata). Raisin d'Amérique (Phytolacca americana). Yucca (Yucca gloriosa). Ailante ou Faux vernis du Japon (Ailanthus altissima). Troëne sauvage (Ligustrum vulgare), Troëne des jardins (L. ovalifolium). Tamaris (Tamarix gallica). Fenouil sauvage (foeniculum vulgare). Lierre (Hedera helix). Chèvrefeuille (Lonicera periclymenum). Ficoïde ou Griffe de sorcière (Carpobrotus edulis). Arroche marine (Atriplex halimus). Jonc piquant (Juncus acutus). Arroche des sables (Atriplex laciniata). Pourpier des plages (Honkenya peploides). Compagnon blanc (Melandrium album). Moutarde giroflée (Coincya monensis). Ravenelle (Raphanus raphanistrum). Renoncule flammette (Ranonculus flammula). Oxalis articulé (Oxalis articulata). Vesce bleue (Vicia craca). Mâche doucette (Valerianella locusta). Erodium à feuille de cigüe ou Bec de grue (Erodium cicutarium), Géranium herbe à Robert (Geranium robertianum), Géranium mou (G. molle). Plusieurs véroniques dont Veronica hederifolia. Coquelicot (Papaver rhoeas). Lamier pourpre (Lamium purpureum). Petite mauve (Malva neglecta), Grande mauve (M. sylvestris), Mauve royale ou Lavatère arborescente (Lavatera arborea). Grande berce (Heracleum sphondylium). Achillée millefeuille (Achillea millefolium). Grande cigüe (Conium maculatum). Avoine sauvage (Avea barbata). Orge maritime (Hordeum maritima). Plantain corne de cerf (Plantago coronopus). Sauge verveine (Salvia verbenacea). Sporobole tenace (Sporolobus tenacissimus). Osiris blanc ou Rouvet (Osyris alba). Salsifis des prés (Tragopogon pratensis). Epinard de Nouvelle Zélande (Tetragona extensa). Criste marine ou « perce pierre » (Crithum maritimum). Ail à tête ronde (Allium sphaerocephalum). Céraistes divers (Ceratium sp). Petite oseille (Rumex acetosella). Vulpin à une seule glume (Vulpia fasciculata).*

Itinéraire d'un passionné !

Sur la presqu'île :
Tous les villages ostréicoles, notamment celui de l'Herbe.
Les réservoirs de Piraillan.
Le port du Four et Jane de Boy.
La Réserve naturelle des prés salés d'Arès/Lège.

Plus au Sud :
Le val de Leyre vers Belin Beliet.
Le lac de Sanguinet et le sentier de la Gourgue.
La lagune du Gatmort.
Le long du Ciron à Villandraut.

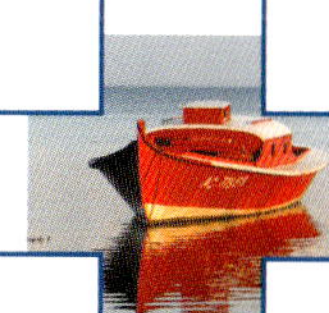

Sur le Bassin :
Le domaine de Saint Brice à Arès/Andernos.
Le domaine de Certes à Audenge.
Le port des Tuiles à Biganos.
Le delta de la Leyre au Teich.
La « ville d'hiver » et la dune de Camicas à Arcachon.
La dune du Pilat et la forêt usagère de La Teste.
L'Île aux Oiseaux et le Banc d'Arguin.

Plus au Nord :
Le canal des Etangs entre le Porge et Lège.
La Réserve naturelle de l'étang de Cousseau à Lacanau.
La rive est du lac d'Hourtin et la lagune de Contaut.
Le long de la Jalle à Saint Médard en Jalles.
Le port de Meyran sur l'estuaire de la Gironde.
La « route des vignes » depuis Pauillac.
L'Ecosite du Bourgailh à Pessac.

Remerciements

Cet ouvrage est le témoignage d'un guide naturaliste, passionné de voyages et de rencontres. Pour développer un thème qui vous intéresse, ou pour connaître la biologie d'une espèce animale ou végétale abordée dans ce livre, reportez-vous à la bibliographie. Homme de terrain avant tout, je me suis nourri des histoires et des explications de nombreux spécialistes et professionnels. Je les remercie de m'avoir offert leur savoir et leur travail, avec amour et conviction. C'est pourquoi je continue à partager cette passion, par mes visites guidées et par cette « Balade sur le Ferret ».

Ce livre est dédié à ma grand-mère Elisabeth Guillery.

Je remercie les nombreuses personnes qui m'ont aidé et soutenu à travers cette aventure captivante, notamment :
Christian Soccorsi, Laurent Rousserie et l'Association L'AGUNA.
Monsieur Claude Miltenberger pour ses relectures, son soutien et ses conseils.
Monsieur Jean-Pierre Duval de l'Office national des forêts.
Fabrice Carré, Cédric Pain, Benjamin Viry et l'Association Betey Environnement.
Monsieur Claude Cazaux et le Musée aquarium d'Arcachon.
L'Office du tourisme et la mairie de Lège-Cap Ferret.
Les « Phares et Balises » du Verdon et tout l'équipage du sémaphore du Cap Ferret.
La SEPANSO, Réserve naturelle du Banc d'Arguin et Christophe Le Noc.
Madame Angèle Royer et l'Association des auteurs autoédités, AAA.
Sandrine Joubert et toute ma famille, Pierre Mouhot, Mayanne Pucheu, Thào, Yonda et Beny, Stève, Annka,
Serge Soulié, Franck Sarrazin, Catherine et Hervé Roger, Nounours, la Madrague, l'équipe d'Hortense,
le Buffet de la gare, le Mascaret, Pinass café, le Yachting, Côté phare et toute la « clique » du Ferret.
Hervé Hellary et Radio Cap Ferret, Jean-Christophe Cabut,
ainsi que tous les journalistes et médias qui ont soutenu la sortie de cet ouvrage

Je tiens à remercier tout particulièrement Gilles d'Auzac, Francis Carnoy, Philippe Nadé, Christophe Naslain, Benoît Lafosse, Cédric Pain, Marie-Catherine Chaumet et Jean-François Marailhac (Association Scaph-Pro recherche océanographique) pour leurs photos, leur soutien et leur disponibilité. Monsieur Luc Dupuyoo, pour ses cartes postales et son accueil. Lesley Allan pour ses magnifiques aquarelles, ses dessins animaliers et sa générosité. Messieurs P.-J. Labourg, R. Aufan pour leur aide et leurs informations. Messieurs J.-M. Bouchet, M. F. Manaud et M. J.-M. Froidefond pour leurs travaux, leurs illustrations graphiques, et cartographiques. Monsieur Philippe Lesgourgues pour ses corrections.

Je remercie également mon instituteur, Paul Vigier, qui est le premier à m'avoir donné envie de raconter des histoires.

Bibliographie

BASSIN D'ARCACHON.
Au temps des pinasses, de l'huître et de la résine.
Françoise et François Cottin. L'Horizon Chimérique.

LA FORÊT LANDAISE.
Une ouverture de l'homme et de son milieu. Edition Privat.

UNE HISTOIRE DU BASSIN. Arcachon, entre lande et océan.
Mollat Editeur.

LE PILAT LA GRANDE DUNE ET LE PAYS DE BUCH.
La Teste de Buch.

ARCHEOLOGIE DE BUCH EN BORN. François Thierry. Société Historique et Archéologique d'Arcachon, 2002.

Mémoire en images LEGE-CAP-FERRET.
Monsieur Luc Dupuyoo. Edition Alan Sutton.

LA PRESQU'ÎLE DE LEGE-CAP FERRET.
« **Le temps retrouvé** ». Edition Equinoxe :
1- **EVOCATION HISTORIQUE.** Jacques Ragot avec la participation de Max Baumann.
2- **VILLAS ET PERSONNALITES.** Max Baumann.
3- **LA CÔTE NOROÎT.** Max Baumann.
4- **LE CAP FERRET.** Max Baumann.

LE DICTIONNAIRE DU BASSIN D'ARCACHON
Olivier de Marliave. Edition Sud Ouest.

LA PRESQU'ÎLE DE LEGE-CAP FERRET.
« **Métamorphose** ». Edition Equinoxe :
1) **LEGE, CLAOUEY, LES JACQUETS, PIQUEY, PIRAILLAN, LE CANON, L'HERBE.** Max Baumann avec la participation de Jacques Ragot.
2) **DE BELISAIRE A LA POINTE.** Max Baumann avec Jacques Ragot.

LE SABLE, LA MER, LA VOILE, IGNAC, et bien d'autres choses encore… Luc Frédefon. Nouvelles vagues diffusion.

L'HISTOIRE DU BASSIN EN 100 PAGES. Princi Regne Editor.

L'OSTREICULTURE ARCACHONNAISE.
Acte du colloque à Gujan Mestras en 1994.

HISTOIRE DE L'HUÎTRE DANS LE BASSIN D'ARCACHON.
Société Historique et archéologique d'Arcachon et du Pays de Buch.

LE GEMMAGE. Où l'art de faire pleurer les arbres des larmes de gemme. Autoédition Fabrice Carre.

DANS LA FORET D'ARCACHON. Edition PRINCE (réedition)
Première partie 1891. Remplissage des barriques.
Deuxième partie 1891. Récolte du Barras.

LES MULETIERS EN FORÊT DE GASCOGNE.
Collection Maine Noste. Claude Courau. Princi Negre Editor.

DES BATEAUX D'ICI ET D'ANTAN. Loisirs Nautiques.

LES CAHIERS DU BASSIN. Plaisance et Traditions maritimes du Bassin d'Arcachon. N° 2 - Novembre 1997, au N° 14 - Janvier 2002.
Voiles d'Antan du Bassin d'Arcachon.

TOUS LES PHARES DE FRANCE de la MER du NORD à la MEDITERRANEE. Edition Ouest France.

LES VILLAGES OSTREICOLES. Mairie de Lège-Cap Ferret.
PG Edition.

GUIDE NATURE. Edition Conseil Général de la Gironde.
1- LE DOMAINE DE CERTES.
2- LE DELTA DE LA LEYRE.
3- L'ETANG DE COUSSEAU.

FLORE FORESTIERE FRANCAISE.
Guide écologique illustré. N° 1, Plaines et Collines. J.-C. Rameau, D. Mansion, G. Dumé. IDF, Institut pour le Développement Forestier.

GUIDE DE LA FLORE DES DUNES LITTORALES.
De la Bretagne au sud des Landes.
Office National des Forêts. Edition Sud Ouest.

GUIDE DES BORDS DE MER. Delachaux et Niestlé.
Mer du Nord, Manche, Atlantique et Méditerranée.

LE GOLFE DE GASCOGNE de L'île d'Oléron au Pays Basque
Marcel Bournérias, Charles Pomerol, Yves Turquier.
Delachaux et Niestlé.

LES POISSONS DE MER DES PECHES FRANCAISES.
Delachaux et Niestlé.

GUIDE SOUS MARIN DES CÔTES ATLANTIQUES FRANCAISES.
Delachaux et Niestlé.

LE GUIDE ORNITHO. Delachaux et Niestlé.

LES COQUILLAGES DE NOS CÔTES. Georges Chauvin.
Edition Jean Paul Gisserot Nature.

LES DAUPHINS DU BASSIN D'ARCACHON. Spécial n° 81.
LA RESERVE NATURELLE DU BANC D'ARGUIN.
La Teste-Pilat-Cazaux. Hors série. Sud Ouest Nature, SEPANSO.

MAMMIFERES SAUVAGES D'EUROPE.
Robert Hainard. Delachaux et Niestlé.

LES PLANTES DU BORD DE MER.
Jean David. Edition Jean Paul Gisserot Nature.

LE GUIDE DES INSECTES et PETITS ANIMAUX des DUNES ATLANTIQUES.
Patrick Dauphin, Hervé Thomas et Laurent Triolet.
Office National des Forêts. Edition Sud-Ouest.

*Toutes les photos sont de **Gilles d'Auzac de Lamartinie**, exceptées celles des pages suivantes :*
*Infographie : **Francis Carnoy**, photos pages 5 (bande à droite), 8, 25, 31 (en haut), 34, 36, 37 (en haut), 39 (bande à droite), 70, 104, 115 (en bas et bandeau à droite), 116 (panoramique en bas), 118 (en haut à droite), 147, 150 (en haut à droite), 179, 183 (à droite) et 187.*
Carte de Belleyme p 26, photos aériennes pages 23, 32, 102, IGN Saint-Médard-en-Jalles.
***Lesley Allan,** artiste peintre installée à Petit Piquey, dessins pages 81, aquarelle p 52, 53.*
***Philippe Nadé**, conservateur au Domaine de Certes, photos pages 62, 64, 65, 70, 77, 79, 83, 86, 87, 96, 97, 98, 99, 111, 124, 126, 127, 129, 140, 141, 142, 144, 145, 146, 147, 149.*
***Christophe Naslain**, pages 156, 159, 160, 161, 163, 165.*
***Marie-Catherine Chaumet**, conservateur sur le site des réservoirs de Piraillan, photos pages 79, 133 (Salsifis des prés).*
***Laurent Rousserie**, responsable de l'écosite du Bourgailh à Pessac, photo page 82.*
***Cédric Pain**, naturaliste de l'association Betey environnement sur Andernos, photos pages 82, 83, 87, 97.*
***Jean-François Marailhac**, président de l'association Scaph-Pro recherche océanographique, photos pages 155, 158, 162.*
***Benoit Lafosse,** photos pages 16, 44 (à droite), 121, 122, 166.*
***Monsieur Luc Dupuyoo**, cartes postales anciennes pages 36, 42, 45, 48, 51, 168, 181.*
***Fabrice Carré**, président de l'association Betey environnement. Gravure ancienne (collection privée), pages 75, 76.*
*Illustration graphique et cartographique, **M. F. Manaud** p 23, **M. J.-M. Froidefond** p 19, 23, 114, **M. P.-J. Labourg** p 19.*

Table des matières

Préambule ... 2
Préface ... 4
Sommaire ... 7
Avant-propos ... 9
Présentation ... 10

La Presqu'île et le Bassin d'Arcachon ... 13
Une évolution géologique récente et atypique ... 17
La plaine des Landes de Gascogne ... 19
La transgression Flandrienne ... 20
La formation du Bassin d'Arcachon ... 22
Des paysages modifiés et des aménagements conséquents ... 27
La fixation des dunes, la grande forêt et la révolution industrielle ... 29
Arcachon et l'ostréiculture. La Grande Guerre et les congés payés ... 30
Le Bassin aujourd'hui ... 33

Cap Ferret : « lou Cap Herrer », la pointe de fer ! ... 37
« Lou Cap Herrer », les premiers hommes ... 41
Le « quartier des pêcheurs » et l'avènement de l'ostréiculture ... 43
Aparté ! L'ostréiculture sur le Bassin d'Arcachon ... 46
Les premiers visiteurs et les premières villas ... 50

La fixation de la presqu'île et la forêt de pins maritimes ... 55
Le système dunaire, un écosystème riche et étagé ... 58
La faune des dunes ... 63
Une jeune forêt protectrice ... 72
Une grande forêt de production ... 74
La faune en « forêt de Lège et Garonne » ... 78
Aparté ! La loutre et la genette ... 80
Aparté ! Les batraciens et les reptiles ... 82
Les champignons et les insectes dans la forêt ... 85
La flore forestière ... 89
Aparté ! Les plantes médicinales et les champignons ... 92

La « Pointe », les « Passes » et les bancs de sable ... 101
Le parcours du sable ... 103
Les « passes » du Bassin d'Arcachon ... 107
Le Banc d'Arguin, une réserve naturelle ... 109
Aparté ! L'avifaune maritime ... 110
La dune du Pilat ... 113
Erosion et trait de côte ... 117

La plage du « Mimbeau » et les « 44 hectares » ... 119
Un « second » Bassin d'Arcachon ... 120
Les oiseaux et la migration : un pôle international ... 123
Aparté ! Les passereaux de nos jardins ... 128
Les plantes et le climat local ... 131
Les prés salés : un habitat aux multiples richesses ... 135
Aparté ! Les roselières et les « fauvettes aquatiques » ... 140
Les vasières : une biomasse importante ... 143
Aparté ! Les limicoles ... 144
Aparté ! La Bernache cravant ... 148
La plage, la « laisse de mer » et la faune sous-marine ... 151
Aparté ! Les mollusques ... 154
Une biodiversité sous-marine remarquable ... 157
Aparté ! Les algues ... 162
Aparté ! La faune sous-marine ... 164

Les « gardiens des océans » ... 167
Le premier phare du Cap Ferret ... 169
Un nouveau phare, un emblème ! ... 173
Aparté ! La visite du phare ... 176
Le phare du Cap Ferret et le sémaphore aujourd'hui ... 179

Epilogue ... 185
Balade botanique & Itinéraire d'un passionné ... 186
Remerciements & Bibliographie ... 188

Christophe Deliveyne
Auteur-concepteur/écriture, mise en pages

Gilles d'Auzac de Lamartinie
Photographe/conseiller en écriture

Avec la participation photographique de Philippe Nadé

Éditions l'édune – 15 avenue Gustave Eiffel – 33510 Andernos-les-bains
editionsledune@wanadoo.fr   *www.editionsledune.fr*

Achevé d'imprimer sur les presses de Estudios Graficos Zure (Espagne) en juin 2006

Dépôt légal : juin 2006
n° ISBN 2-35319-003-0